「テロとの戦い」との闘い

あるいはイスラーム過激派の変貌

髙岡　豊

東京外国語大学出版会

「テロとの戦い」との闘い――あるいはイスラーム過激派の変貌　目次

第五章　イスラーム過激派はどこへ行く？　183

カバー・表紙写真　ユニフォトプレス

『「テロとの戦い」との闘い』刊行に寄せて

「テロとの戦い」との闘い、あるいはイスラーム過激派の実態は、固定観念や偏見に抗おうとする不断の知的営為をもって初めて理解され得るものである。

「テロリズム」や「テロリスト」という用語を政治学や犯罪学において定義することは可能である。しかし、どれほど厳密、あるいは正確な定義がなされようとも、学問にはその用法を決することはできない。なぜなら、用法は政治のなかで定められ、政治主体は、自らの正義に反する行為や他者に対して、「テロリズム」や「テロリスト」という烙印を押すからである。既存の体制や秩序に挑もうとする動きを為政者が「テロリズム」とみなすこともあれば、自由や尊厳を顧みようとしない国家の統治を社会、あるいは市民の側が「国家テロ」と断じることもある。その一方で、為政者が「テロリズム」とみなす行為が政敵から「革命」として唱導されることもあれば、市民が吹聴する「国家テロ」が治安紊乱《びんらん》を企んだ煽動だと断罪されることもある。言い換えれば、

「テロリズム」は確かに脅威ではあるのだが、同時に自身を被害者として位置づけ、政敵や脅威を排除することに大義を与えることができる都合のよい「概念」でもある。

「テロリズム」を理解するには、この言葉そのものがさまざまな政治的アジェンダのもとで都合よく用いられるものだということをまず知る必要がある。欧米諸国やロシア、中国などが主唱する「テロとの戦い」であれ、イスラーム過激派が繰り広げている「「テロとの戦い」との闘い」であれ、その実態を把握することは、これらの政治主体が繰り出す「概念」と戦う（あるいは闘う）ことを通じてのみ可能となる。この起点を意識せずに「テロリズム」を理解しようとすれば、近視眼的な勧善懲悪に陥り、「テロリズム」が自己のなかで正当化される仕組みを見落とすことにつながる。「テロリズム」という言葉に集約される政治的営為を観察することと、政治そのものを行うことの境界線を曖昧にしかねない。

本書は数十年にわたって「テロとの戦い」におけるもっとも主要な標的として存在し続けているイスラーム過激派に焦点を当てている。しかし、この主題にも陥りやすい落とし穴がある。そして、それもまた、イスラーム過激派という「概念」に関わっている。

イスラーム過激派を知ろうとする場合、少なからぬ観察者が、「過激派」であることに着目する前に、「イスラーム」という言葉に翻弄される。この宗教がいかなる教義を持ち、信者がどのような信仰や実践を有しているのかを理解しなければ、それをよりどころとして執拗に繰り返される「テロリズム」の実態に迫れないと考え、神学的な議論に陥ることが多く見られる。その結果、「イスラームは過激な宗教だ」という過剰一般化に終始することもあれば、我々にとって身近でないイスラームは、テロリストの心情と同じように訳がわからないと結論づけて、遠ざけることもある。

むろん、イスラーム過激派が世の中のすべてをイスラームに引き寄せて解釈し、自らの行為を正当化し、敵を断罪していることは事実であり、その限りにおいてイスラームはイスラーム過激派の言動を規定している。しかし、より重要なのは、彼らの言動が「テロリズム」という烙印を押される理由は、宗教そのものにはなく、彼らが身を置く政治状況にあるという事実である。そのことを踏まえずに、「テロリズム」とイスラームをことさら結びつけようとすることは、イスラーム過激派の思考様式と何ら変わりなく、筆者がかねてより警鐘を鳴らしてきた「逆立ちしたイスラーム主義」以外の何ものでもない。

イスラーム過激派をめぐる固定観念や偏見は、メインストリーム・メディアでの事実報道や解説に目を通しているだけでは決して克服することはできない。「概念」との戦いを征することは、地道で網羅的な情報収集、継続的な観察、そして定性的な分析が大前提となる。SNSで「炎上」している事件や人物に飛びついて、表面的な見識をもって解釈するのではなく、現地の情勢に精通するための不断の努力と、適切に情報を処理し得るリテラシーが求められる。こうした「いろは」に言及するのは、情報が氾濫する今日の言論空間において、現実とは似て非なる虚構、あるいはフェイクが、その拡散者の政治的立場を陰に陽に帯びつつ氾濫し、実態解明を阻害しているからに他ならない。

本書は、東京外国語大学の特別研究員として、その研究教育活動に携わる著者が、長年にわたる地道な情報収集と、現地主義に徹した研究手法、そしてリテラシーを駆使して、イスラーム過激派による「「テロとの戦い」の闘い」の実態を明らかにしたものである。イスラーム過激派を理解する道標として、本書が読者のみなさんを知の世界にいざなうものと強く確信している。

二〇二三年二月

東京外国語大学教授　青山弘之

「テロとの戦い」との闘い——あるいはイスラーム過激派の変貌

凡例

本書における外国語（アラビア語）の固有名詞（人名、地名）のカタカナ表記は、一部の例外を除き大塚・小杉・小松ほか編［2002: 10–15］および帝国書院編集部編［2019］に従った。ただしアラビア語の定冠詞「アル＝」、「アッ＝」、「アン＝」は原則として省略した。

註は、当該箇所に▼を付し、巻末に▼1、▼2のように示した。

はじめに

二〇〇一年にアメリカのジョージ・W・ブッシュ大統領（当時）が「テロとの戦い」を宣言し、アフガニスタンやイラクでの戦争を推進したことには、当初から多くの疑問や批判が寄せられた。「テロとの戦い」といっても、その相手が政治行動の一形態であるテロリズムそのものとなることはありえず、戦いの相手として具体的な対象を指定しなくてはならなかったことも問題点の一つだった。すなわち、誰が「テロリスト」なのかをアメリカが恣意的に選定・指定し、アメリカの利益のために軍事行動や政治・経済的な制裁措置がとられるという問題が生じたのである。恣意的な「テロリスト」の選定・指定という行動様式は、イスラエル、ロシア、中国などの各国も相次いで採用することとなり、「テロとの戦い」はかえってテロリズムの流行・拡散を招く結果となった。

そして、二〇二一年八月にアメリカ軍がアフガニスタンから撤退したが、これはアメリカが二〇〇一年以来進めてきた「テロとの戦い」が破綻・失敗したものとの印象を与えた。なぜなら、アメリカ軍のアフガニスタンからの撤退は、「テロとの戦い」での主敵の一つで、アメリカにとっては交渉や合意の相手ではない「テロリスト」であるはずのターリバーンとの交渉・合意を経たものだったからだ。しかも、ターリバーンはアメリカとの合意で定められた「アフガニスタン人同士の対話・交渉」を半ば反故にする形で軍事攻勢を強化し、それによってアメリカを含む国際社会が長年支援してきたアフガニスタンの政府が八月中旬に崩壊し、ターリバーンが政権を奪取してしまった。

つまり、「テロとの戦い」は、軍事的に討伐する対象だった「テロリスト」を殲滅できなかっただけでなく、テロリズムの流行を許さない新たな国造りにも失敗したのである。ターリバーンによる政権の奪取後、カブール空港を離陸するアメリカ軍の航空機にアフガニスタンから脱出しようとするアフガニスタン人が競って縋りついたが、これは「テロとの戦い」の失敗を象徴する光景となった。

アフガニスタン以外の地域に目を転じても、「テロとの戦い」が二〇年を経て十分な成果を上げていないと思われる現実があふれている。主要な討伐対象だったはずのアル＝カーイダは、アフガニスタンだけでなく、北アフリカやサハラ地域の諸国、ソマリア、イエメン、シリアなどに残存している。また、二〇一〇年以降急速に勢力を伸ばした「イスラーム国」は、当初の活動場所だったイラクやシリアだけでなく、アメリカ、ヨーロッパ諸国、旧ソ連諸国、トルコ、アフリカ南部、アジア諸国にも、「支部」が存在したり、攻撃を実行したりしたと主張している。無論、アル＝カーイダ、「イスラーム国」の両派以外にも国際的に活動する「テロリスト」は多数存在する。アメリカは、二〇一一年五月にアル＝カーイダの指導者のウサーマ・ビン・ラーディン、二〇一九年一〇月に「イスラーム国」の自称カリフのアブー・バクル・バグダーディー（本名：イブラーヒーム・バドリー）、二〇二二年二月にその後継の自称カリフ、アブー・イブラーヒーム・ハーシミー・クラシーを暗殺したが、これらの「成果」をもってしても、アル＝カーイダや「イスラーム国」を根絶することも、両派の活動を停止させることもできなかった。しかも、二〇二二年一一月末には「イスラーム国」の後継のカリフと称していたアブー・ハサン・ハーシミー・クラシーが、シリア南部のダラア県で殺害されていたことが明らかになった。同人は、二〇二二年一〇月半ばにシリア軍などによる作戦で殺害された模様だが、その時点ではシリア、アメリカ、その他の「イスラーム国」との戦闘の当事者のいずれもが同派の最高指導者の殺害に気付いていなかった。「イスラーム国」が自称カリフの死亡と、後継としてアブー・フサイン・フサイニー・クラシーを擁立したと発表したことに対する国際的な反響も乏しかった。これは、「イスラーム国」の衰退を示すとともに、イスラーム過激派が存続・延命する一方で世論が彼らに対する関心を失うという危険な状況でもある。

以上のように、これまでの「テロとの戦い」は、アメリカによる軍事占領を経験したアフガニスタンとイラクだけでなく、シリア、イエメン、ソマリアなどのように「テロとの戦い」の舞台となった諸国にも紛争や政情不安という深刻な影響をもたらした。また、これらの諸国からは多数の移民・難民が移動し、彼らの主な移動先となった諸国は政治・社会・経済問題に見舞われた。このような諸問題も、「テロとの戦い」の影響の一つと考えることができるだろう。そして、「テロとの戦い」に関するアメリカの外交・安全保障政策、国際関係、戦争や紛争の舞台となった国々の情勢、移民・難民問題については、既に様々な研究で多くが論じられている。

その一方で、「テロとの戦い」の対象とされた組織や集団については、十分な観察や分析がなされ議論が尽くされてきたわけではない。また、過去二〇年間の「テロとの戦い」がアメリカの歴代政権の方針や国際情勢によって変化してきたのと同様に、戦いの対象自体もまた、その主体や思考・行動の様式、個々の主体の盛衰において変化し続けており、単純なものではない。

読者諸賢におかれては、「テロとの戦い」に対し、アメリカが主導した戦争や軍事行動という印象が強いかもしれない。しかし、実際の「テロとの戦い」は、国際連合（国連）をはじめとする国際機関の決議や国際条約を通じた資金の流れへの規制、職業訓練や雇用創出、教育振興、女性の権利の擁護、衛星放送をはじめとする報道機関やインターネットの世界での言論への対策なども含む包括的な営みである。このため、「テロとの戦い」の対象とされた個人や組織も、武装闘争やテロ行為に乗り出したり、これらを扇動したりするだけでなく、領域を統治し、統治を正当化する論理を著述し、国際的に移動し、国境を越えて資源を調達し、あらゆる方法で広報を行い、連携・合流・対立・分裂などの組織間関係を営んだ。つまり、彼らの行動は戦場での「戦い」にとどまらない、より包括的な「闘い」ということができる。このため本書では、「テロとの戦い」の対象とされた組織などの営み全般を「闘い」と呼んで考察を進める。

本書では、「テロとの戦い」でアメリカと闘った主体とその思考・行動様式を解明することを目的とする。その過程では、対象の定義（第一章）、「テロとの戦い」の展開の概観（第二章）、二つの手法を通じた観察と分析（第三章、第四章）という作業を行い、これらを経て「テロとの戦い」後の課題について考察する。

主なできごと

2004年10月	タウヒードとジハード団がアル＝カーイダに加入し、二大河の国のアル＝カーイダと改称
2006年1月	二大河の国のアル＝カーイダを中核とするムジャーヒドゥーン・シューラー評議会結成
2006年10月	ムジャーヒドゥーン・シューラー評議会が、ムタイヤブーン同盟結成を経てイラク・イスラーム国を結成
2007年1月	教宣と戦闘のためのサラフィー集団（GSPC）のアル＝カーイダ加入表明が受け入れられ、イスラーム的マグリブのアル＝カーイダと改称
2009年1月	アラビア半島のアル＝カーイダがイエメンのアル＝カーイダと統合し、あらためてアラビア半島のアル＝カーイダを結成
2012年2月	シャバーブ運動がアル＝カーイダに加入
2013年4月	イラク・イスラーム国がヌスラ戦線と統合してイラクとシャームのイスラーム国に改称すると発表。ヌスラ戦線の一部はこれに反発し、独自にアル＝カーイダに忠誠を表明
2014年1月	アル＝カーイダ総司令部がイラクとシャームのイスラーム国との絶縁を宣言
2014年6月	イラクとシャームのイスラーム国がカリフ制の復活を主張し、「イスラーム国」と改称
2014年9月	インド亜大陸のアル＝カーイダが発足
2015年12月	ムラービトゥーンがイスラーム的マグリブのアル＝カーイダに合流
2016年7月	ヌスラ戦線がアル＝カーイダから分離。シャーム征服戦線と改称
2017年1月	シャーム征服戦線がシャーム解放機構に改称
2017年3月	サハラで活動するイスラーム過激派諸派が統合し、イスラーム的マグリブのアル＝カーイダの下部団体イスラームとムスリム支援団（JNIM）を結成
2018年2月	宗教擁護者機構がシャーム解放機構から離脱

本書で考察する主な団体の系譜

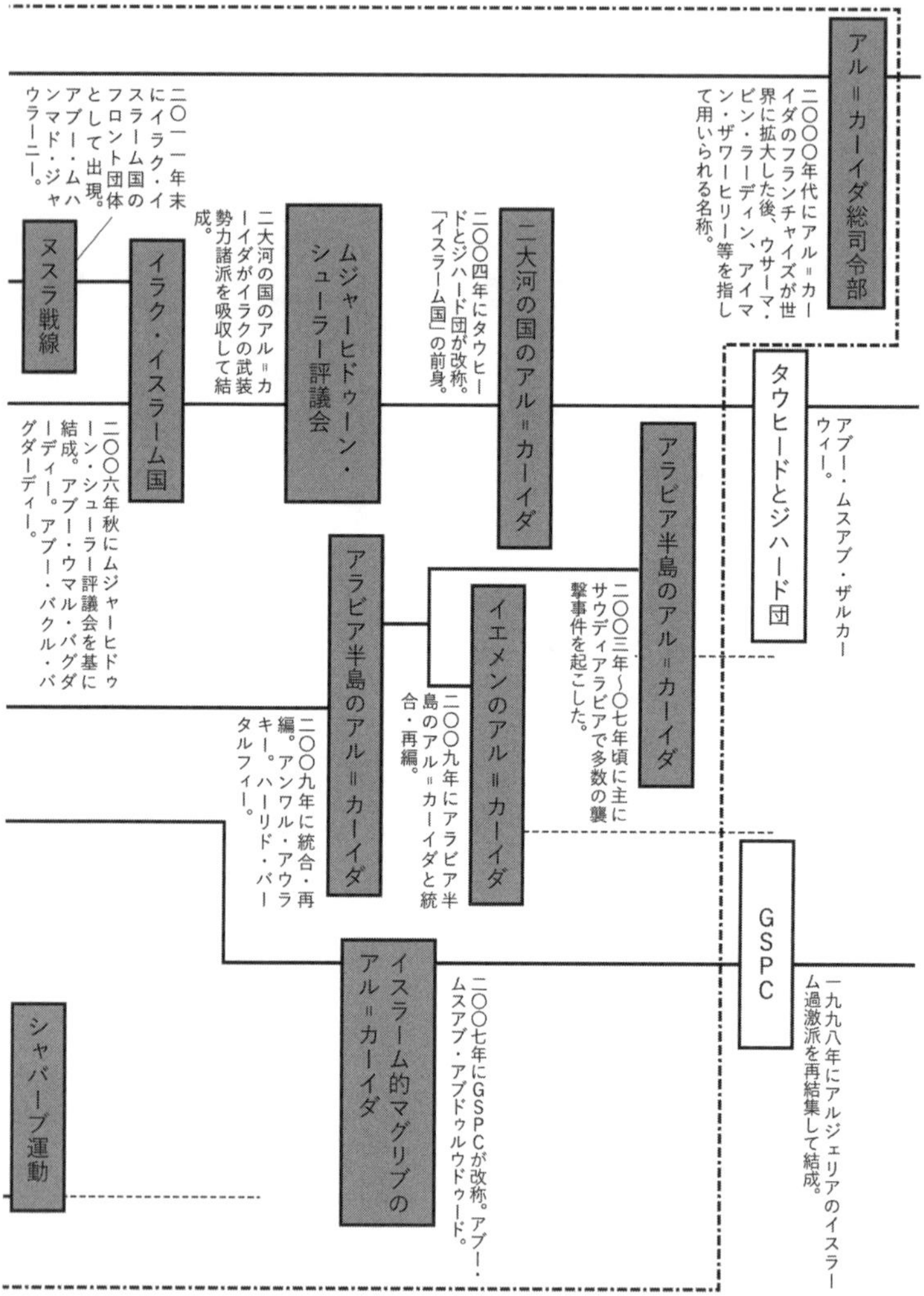
アル＝カーイダ総司令部
二〇〇〇年代にアル＝カーイダのフランチャイズが世界に拡大した後、ウサーマ・ビン・ラーディン、アイマン・ザワーヒリー等を指して用いられる名称。
タウヒードとジハード団
アブー・ムスアブ・ザルカーウィー。
二大河の国のアル＝カーイダ
二〇〇四年にタウヒードとジハード団が改称。「イスラーム国」の前身。
ムジャーヒドゥーン・シューラー評議会
二大河の国のアル＝カーイダがイラクの武装勢力諸派を吸収して結成。
イラク・イスラーム国
二〇〇六年秋にムジャーヒドゥーン・シューラー評議会を基に結成。アブー・ウマル・バグダーディー。アブー・バクル・バグダーディー。
ヌスラ戦線
二〇一一年末にイラク・イスラーム国のフロント団体として出現。アブー・ムハンマド・ジャウラーニー。
アラビア半島のアル＝カーイダ
二〇〇三年〜〇七年頃に主にサウディアラビアで多数の襲撃事件を起こした。
イエメンのアル＝カーイダ
二〇〇九年にアラビア半島のアル＝カーイダと統合・再編。
アラビア半島のアル＝カーイダ
二〇〇九年に統合・再編。アンワル・アウラキー。ハーリド・バータルフィー。
GSPC
一九九八年にアルジェリアのイスラーム過激派を再結集して結成。
イスラーム的マグリブのアル＝カーイダ
二〇〇七年にGSPCが改称。アブー・ムスアブ・アブドゥルウドゥード。
シャバーブ運動

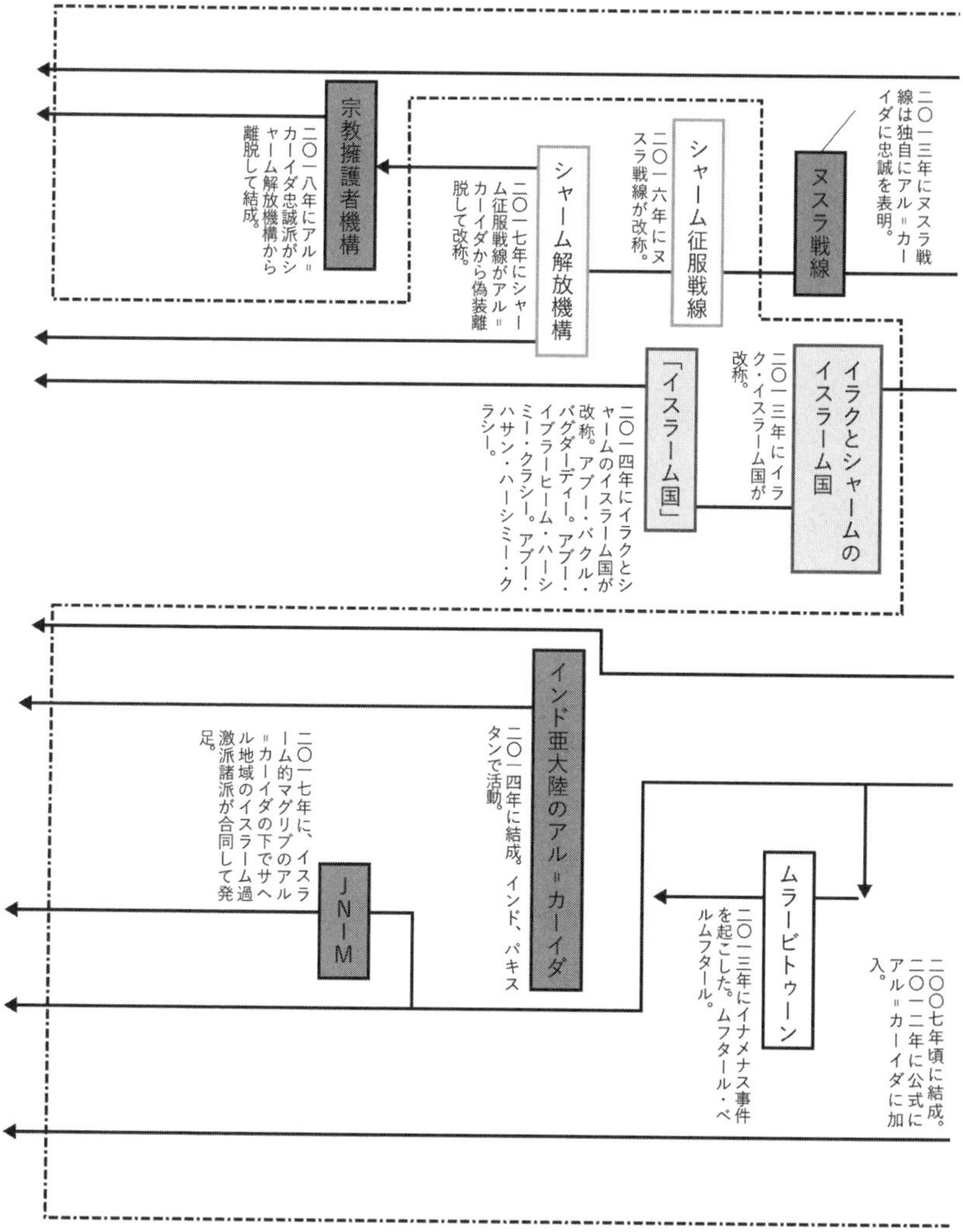

二〇一三年にヌスラ戦線は独自にアル＝カーイダに忠誠を表明。
ヌスラ戦線
シャーム征服戦線
二〇一六年にヌスラ戦線が改称。
シャーム解放機構
二〇一七年にシャーム征服戦線がアル＝カーイダから偽装離脱して改称。
宗教擁護者機構
二〇一八年にアル＝カーイダ忠誠派がシャーム解放機構から離脱して結成。
イラクとシャームのイスラーム国
二〇一三年にイラク・イスラーム国が改称。
「イスラーム国」
二〇一四年にイラクとシャームのイスラーム国が改称。アブー・バクル・バグダーディー。アブー・イブラーヒーム・ハーシミー・クラシー。アブー・ハサン・ハーシミー・クラシー。
インド亜大陸のアル＝カーイダ
二〇一四年に結成。インド、パキスタンで活動。
JNIM
二〇一七年に、イスラーム的マグリブのアル＝カーイダの下でサヘル地域のイスラーム過激派諸派が合同して発足。
ムラービトゥーン
二〇一三年にイナメナス事件を起こした。ムフタール・ベルムフタール。
二〇〇七年頃に結成。二〇一二年に公式にアル＝カーイダに加入。

GSPC：教宣と戦闘のためのサラフィー集団
JNIM：イスラームとムスリム支援団

第一章　イスラーム過激派とは何者か？——何をどのように観察・分析するか

「テロとの戦い」の対象が恣意的に選定・決定されているという問題がある以上、「テロとの戦い」でアメリカと闘った主体の定義は極めて重要な問題である。テロ、すなわちテロリズムとは、殺人を通して政敵を抑制・無力化・抹殺しようとする行動であり、政治行動の一形態である。▼1 そのようなテロリズムそのものは戦争の相手とはなりえないので、「テロとの戦い」は相手となる具体的な個人・組織・国家を必要とした。そして、「テロとの戦い」の契機となった、二〇〇一年九月一一日に旅客機を乗っ取り、世界貿易センタービルやアメリカ国防省庁舎に突入させた九・一一事件を企画・実行したアル＝カーイダや、アフガニスタン領内で同派を庇護するターリバーンが具体的な「敵」として浮上した。

以下では、アル＝カーイダやターリバーン、彼らに類する思考・行動様式を持つ者は何者なのかを定義づけた上で、観察・分析上の手法と論点を提起する。

1　イスラーム過激派とは何者か

本書では、観察・分析の対象をイスラーム過激派と呼んで議論を進める。しかしながら、アル＝カーイダ、「イスラーム国」、ターリバーンなど「テロとの戦い」の対象となった主体を分析するに際し、それらをどのように分類し、何と呼ぶかについて広汎な合意は成立していない。つまり、分析者や関係者が各々の理解に応じて定義づけ、それに沿った名称で呼んでいるのである。

様々な名称にはイスラーム原理主義者、イスラーム急進派、ジハード主義者、サラフィー主義者などが含まれるが、それらは同一の対象を指していることもあれば、それぞれが微妙にずれていることもありうる。しかも、こうした呼称や分類は全て他称であり、前述のような思考・行動様式をとる人々がそのように名乗るとは限らない。そうした人々の自称は、単に「ムスリム（イスラーム教徒）」か「スンナ派」となる場合もある。[2] つまり、本書でイスラーム過激派と呼ぶ人々についても、これは他称であり、対象自身は自らをムスリムなり、スンナ派なり、一神教徒なり、ムジャーヒドゥーン（ジハードを闘う者）と称する人々であることに留意すべきである。

そうした事情に鑑みた上で、筆者は、イスラーム過激派を「イスラーム主義を信奉する者たちのなかで、その政治目標を達成する手段として専らテロリズムに依拠する者たち」と定義して議論を進める。なお、イスラーム主義とは、「宗教としてのイスラームへの信仰を思想的基盤とし、公的領域におけるイスラーム的価値の実現を求める政治的イデオロギー」のことだ。[3]

イスラーム過激派には、アル＝カーイダや「イスラーム国」などの組織やその構成員が含まれるほか、様々な著述を通じてイスラーム主義の政治目標達成のための武装闘争を扇動したり正当化したりする個人も含まれる。また、イスラーム過激派には、「（彼らがそれと認識する）イスラーム世界全体が（イスラエルや欧米諸国という）ユダヤ・十字軍とその傀儡による侵略を受けていると考え、侵略を撃退するために既存の国境を無視・超越した活動と資源動員を行う」という思考・行動様式上の特徴がある。すなわち、イスラーム過激派にとっては既存の国家とそこにある政治体制や政治過程は否定・打倒すべき対象である。

こうした思考・行動様式に従えば、ヨーロッパに住むイスラーム過激派の者がシリアで発生した紛争を自分自身にとって死活的な問題と認識し、シリアでの武装闘争に自らの生命や財産を投じたり、他人に同様の行動をとるよう扇動したりすること、さらにはシリアでの紛争を理由に自分の居住地でテロ行為を起こしたりすることは、正当かつ義務的な行為となる。

イスラーム過激派とイスラーム主義運動との違い

イスラーム過激派を定義し、彼らの思考・行動様式の特徴を挙げる際に問題となるのは、世界各地に様々な形で存在する様々なイスラーム主義の組織や運動をどのように認識するかということである。具体的には、エジプトで発足しアラブ諸国や中東諸国などに広がったムスリム同胞団や、パレスチナのハマース、イスラーム聖戦運動（ＰＩＪ）、レバノンのヒズブッラー、イラクの政治勢力や民兵、イエメンのアンサール・アッラー（俗称：フーシー派）などが問題となる。

これらのなかには、アメリカ、イスラエル、中東諸国の政府などから「テロ組織」に指定されているものもあれば、地域の紛争の当事者となっているものもあり、一見すれば全てイスラーム過激派の範疇に含まれるように思われるかもしれない。しかし、既存の政治体制への政治参加を通じて政権を奪取することを肯定するムスリム同胞団、各々の所在地での政治過程に参入しているハマース、PIJ、ヒズブッラー、イラクの諸派、イエメンという既存の国家の枠内での権力や領域を争うアンサール・アッラーなど、個々の団体の行動はイスラーム過激派の思考・行動様式と同一視できないものである。イスラーム過激派にとっては、既存の国家もそのなかでの政治過程も、侵略者によって押し付けられたものであり、そこで合法性を獲得したり、政治過程に参加したりすることは論外だからだ。これこそが前段落の初めに挙げた諸般のイスラーム主義組織とイスラーム過激派とを隔てるものである。

このような顕著な差異に無頓着に、諸般のイスラーム主義組織を同一視したり、恣意的・選択的にテロ組織とみなしたりすることは、議論の拡散と複雑化を招く結果に終わるだろう。イスラーム過激派も含む様々な政治運動を分析する際には、対象の思想や論理とともに、それらが行動を起こす際に用いる手段や手法、状況ごとの選択にも着目することが重要である。

イスラーム過激派とイスラーム主義運動との間のグレーゾーン

一方、本書でイスラーム過激派とみなす諸派のなかにも、グレーゾーンとも考えるべき思考・行動様式を持つ団体がある。アフガニスタンのターリバーンは、アメリカとの交渉の末にドーハ合意を締結して、アフガニスタンからのアメリカ軍の撤退を取り決めるとともに、アフガニスタン領を誰に対しても他国を脅かす活動に利用させない旨を誓約した。また、ターリバーンはアフガニスタンを外国の占領から解放することを目標に掲げ、アフガニスタンへの強い愛着を表明している。このような交渉や誓約という営み、そしてアフガニスタンへの強い愛着は、イスラーム過激派の思考・行動様式とは齟齬をきたしかねず、敵対する「イスラーム国」からの非難にさらされている。また、ソマリアのシャバーブ運動についても、その成立・発展の過程はソマリアの社会から切り離すことができないものであり[4]、同派がソマリアに干渉する諸外国（特にケニア、エチオピア）と闘う動機をイスラーム過激派としての思想・信条に限定しては単純化が過ぎるだろう。

このように、筆者がイスラーム過激派とみなす諸派についても、それの要件や特徴をある程度厳密に定める一方で、個々の団体の活動やその方針については、過度の単純化に走ることなく個別の事情を十分に観察しなくてはならない。

2 イスラーム過激派とテロリズム

先に述べた通り、テロリズムとは政治行動の一形態である。より具体的には、「前もって計画された政治的動機に基づく暴力[5]」ということができるだろう。テロリズムに訴える主体は、個人、政治運動、軍事組織のような非国家のこともあれば、反対者を粛清しようとする国家権力の場合もある。ただし、テロリズムの定義については、学術的な研究という観点のほかに、政治的暴力を取り締まる側の観点もある。取り締まる側には、個々の国家やそのなかにある諸般の官庁だけでなく、国際機関や国際条約に基づく活動主体も含まれる。学術の世界で研究者が様々な定義を提唱するのと同様に、一つの国のなかでも関係する機関・省庁・法令ごとに定義が異なることもありうる。すなわち、国や分野を越えた共通認識としてのテロリズムの定義は存在しない、というのが実情である。

一方で、学説や法令におおむね共通して含まれるテロリズム要素が存在するのも確かであり、それは「政治的な動機、恐怖の拡散、暴力の使用・暴力による威嚇」とされる。[6]なお、この諸要素のうち「暴力の使用・暴力による威嚇」については、暴力の「違法性」が議論になる。

誰がどの暴力を違法であると認定するかは、簡単なようで難しい問題であり、「違法な暴力を振るうテロリスト」を問題の当事者の一部が恣意的に選定したことによって、「テロとの戦い」がかえってテロリズムを拡散させる結果になった点は、本書の問題意識の一つである。テロやテロリズムという用語が政治的な敵対者を貶めるレッテルとして用いられ、一方の人にとっての英雄は、他方の人にとってはテロリストであるという表現はこの問題を端的に言い表している。[7]

宗教もテロリズムの根拠となる

テロリズムの根拠となったり、テロ行為を正当化する論理を提供したりする政治的な思想・信条は多岐にわたる。歴史的に見ると、（政敵を殲滅するため）恐怖政治を採用して、「テロリスト」という言葉を政治的語彙にしたのは一七九三〜九四年のフランス革命期の政府であり、[8]テロリズムを正当化する論理はこうした専制からの解放・専制に対する革命のほか、植民地支配からの独立、民族自決など枚挙にいとまがない。また、本書で考察の対象とするイスラーム過激派は、イスラーム主義に基づく政治目標を達成するための手段としてテロリズムを採用しているが、イスラーム主義は世俗主義、民主主義、社会主義、民族主義、環境保護や動物愛護などと同様の政治的イデオロギーの一つである。近年深刻さを増しているとされるアメリカにおける極右過激主義の基本要素として、白人至上主義、保守的なキリスト教アイデンティティー、反政府主義が挙げられていることからもわかるように、[9]宗教とそれに基づく帰属意識もテロリズムと無縁ではない。

宗教、特にイスラームとテロリズムとの関係においては、イスラームとテロリズムを同一視したり、ムスリムを一律にテロリスト扱いしたりする行為が問題になりがちであるが、ここまでの議論に則ると、そうした行為は的外れな偏見に過ぎない。ムスリムが全てイスラーム主義を支持するわけでもなければ、イスラーム主義者が政治目標達成のために必ずテロリズムを採用するわけでもない。その一方で、「イスラームとテロリズムは無縁である」、「テロリストがイスラームを曲解・悪用している」との護教論的な議論も、イスラームの啓典の章句を用いてテロ行為を正当化する活動が存在するという現実の問題を前にしては生産的とはいえないだろう。[10]要は、どのようなイデオロギーでもテロリズムの動機やそれを正当化する論理になりうるのであり、イスラームやイスラーム主義を他の宗教や政治的イデオロギーと異なるものとして特別視する理由は存在しない。

イスラーム過激派にとっての宗教と政治的思想・信条

テロリズムについて考える場合、宗教と様々な政治的な思想・信条とを隔てる垣根は非常に低いように感じられるが、宗教と政治的な思想・信条の境界についてはイスラーム過激派も興味深い認識を示している。

イスラーム過激派の著名な著述家であるアブー・ムハンマド・マクディスィー[11]は、『民主主義は宗教』と題する論考を著しており、これはイスラームに基づかない統治は全てアッラー以外の存在を崇拝する宗教とみなす論理である。[12] この論理に基づけば、イスラームこそが政治や統治を含む人類の生きる道全ての指針であり、政教分離や世俗主義が認められる余地はない。マクディスィーの著作のタイトルが端的に示すように、主権在民に基づき人民の選挙によって選出された代表者が法律を制定し、それを通じて統治を行うという行為自体が、アッラー以外の存在を崇拝する宗教として否定されるのである。

この論理は、活動場所や個人・団体の相互関係を問わず、イスラーム過激派諸派に共通してみられるものである。先の段落で、イスラーム過激派を観察する側の視点から見れば、テロリズムを正当化する根拠を提供するものとしての宗教と政治的な思想・信条との区別はあいまいであると論じたが、イスラーム過激派の視点からも宗教と政治的な思想・信条との区別はほとんど意味をなさず、人類が生きる指針としてのイスラームと、その他の政治的な思想・信条との違いは「イスラームとそれ以外の宗教」と認識されているということだ。

誰がなぜテロリストになるのか

それでは、いったいどのような人々が、なぜテロリストになるのだろうか？　この問いは、イラクやシリアに世界各地から多数の者が「イスラーム国」などに参加するために密航したり、イスラーム過激派の教唆・扇動に呼応・共鳴して（紛争地からは遠く離れた）欧米諸国で通り魔的な襲撃事件を起こしたりした者が相次いだ二〇一四年頃から一七年頃に、様々な場で議論されたものだ。

これについての学術的な議論として、経済学者のアラン・クルーガーの指摘が重要である。クルーガーによると、テロリズムは政治的暴力である上、テロ攻撃を実行するためには高い技術が必要とされるため、テロリストとしてこれを実践する者たちは教育水準が高く社会経済的地位も高い階層出身の者が多い。また、テロ組織が小規模なうちはその構成員は活動の動機となる政治問題を深く憂慮し、そのためには死んでもよいと思うほどの何かを信じているが、組織が一定の規模よりも大きくなる（例えば内戦を起こすくらい）と、新たに加入する構成員は社会経済的地位が低く組織の信条や問題意識には関心がない、給与目当ての者たちとなる。すなわち、全てのテロリストが生きる目的をなくした人ではないし、貧困と不十分な教育という要因は一般に信じられているほどテロリズムとの関係が強くない、ということである。[13]

この指摘に沿えば、イスラーム過激派についても、組織を経営し、メッセージを発信し、作戦行動を指揮するテロリストたちと、戦闘の前線に現れたり、実際に自爆したりする末端の構成員たちとは出自も性質も、思考・行動様式もかなり異なる人々だということになる。クルーガーは、市民的自由がテロリズムの重要な決定要因である、つまりテロリズムは経済状況に反発した行動ではないと述べている。[14]

「イスラーム国」の活動が盛んになると、欧米諸国からイスラーム過激派に参加した者たちの出自や社会階層などの人定情報に着目した、人物像の一般化も試みられた。これらを整理すると、一〇代後半から三〇代の者たちである、移民二世や三世である、不満を持っている、目的意識がない、現在住んでいる場所の社会への帰属意識を欠いている、三〇歳以下の男性で、失業者・勤労者ともに「イスラーム国」に共鳴しやすいなどの特徴が挙げられているが、その一方で子供や高齢者、女性でイスラーム過激派のもとへ密航した者もみられるなど、人物像の多様性が観察された。[15]

二〇一六年初頭に「イスラーム国」の構成員数千人の名簿が出回ったが、この名簿は出身地、元の職業、イスラーム理解の水準、組織内で果たしたい役割、組織に合流する際の推薦者の名前などの情報が記載されたものである。これを基に「イスラーム国」の構成員の人定や経歴に一定の傾向を見出そうとする研究も多数発表された。それらによると、所得や教育の水準は様々で、名簿に掲載された者の二割強が大学・大学院で教育を受けていた。平均年齢は二六〜二七歳、およそ三割が既婚者である。この名簿は、近年のイスラーム過激派、特に「イスラーム国」による勧誘の対象がかなり広いことを示唆している。[16]

「自爆テロ」と「殉教作戦」

イスラーム過激派のテロ行為のなかで特殊な行動とみなされることが多いのが、「自爆テロ」と呼ばれることも多い、攻撃の実行者が死亡することを前提とした行動だ。イスラーム過激派の諸派やそのファン・支持者たちは、このような行動を「自爆」とも「自殺」とも「テロ」とも呼ばず、「殉教作戦」と呼ぶ。

アル＝カーイダや「イスラーム国」についての専門書を多数発表している保坂修司は、アラブの人々にみられる「死の文化」や「男気の文化」と呼ぶべきものを、自爆へと駆り立てられる若者が増える理由の一つと分析している。[17] それによると、ジハードを標榜してイスラーム過激派に参加したり、教唆・扇動に応じたりすることは、不良やごろつき同然の者たちが正当化されたり、周囲から感謝や賞賛されたりする理由となる。一方、イスラーム過激派による勧誘と取り込みの手法をカルト集団のとる手法とみなし、若者らの脱洗脳に携わった経験を基にイスラーム過激派に参加しようとする者たちを分析した人類学者のドゥニア・ブザールは、支援対象の若者の全員が「バーチャルリアリティ依存者」だったと指摘した。[18] これらの研究も、どのような人々がイスラーム過激派に参加したり、共鳴したりするのかという議論において重要なものである。

3　イスラーム過激派の広報

テロリズムが政治行動の一形態である以上、その目的は大規模な破壊と殺戮を起こすことだけではない。テロリズムの実践において重要なのは、テロ行為の主体の政治的要求や意図、すなわち彼らが発信しようとしているメッセージをいかに広汎に流布させるかと、敵方の世論にいかに広く深く恐怖感を与えるかという点である。テロ行為においては、作戦行動の場で戦果を上げることのみならず、その戦果をいつ、誰に、どのように届けるのかが重要になるということだ。

そのため、イスラーム過激派も最先端の技術を用い、最も効率的な経路で戦果やメッセージを発信しようと努めてきた。アル＝カーイダは早くから広報の重要性を認識し、同派の広報に協力することもジハードの一環であると位置付けて支持者らに情報を拡散するよう呼びかけてきた。「テロとの戦い」の二〇年間は、イスラーム過激派が状況に適応して様々な変化を遂げた期間でもあるが、彼らの広報のあり方はそうした変化を代表するものといえる。

イスラーム過激派の情報発信の変遷

一九九〇年代後半～二〇〇〇年代初頭、イスラーム過激派によるメッセージの発信は、主に組織の構成員・支持者・報道機関に対する文書や音声テープの送付、報道機関との会見を通じてなされていた。これが大きく変わるのは、二〇〇三年からのイラク戦争以後のことで、イラクにおける反アメリカ武装闘争を担った武装勢力諸派や、イラク戦争を契機に同地に勢力を扶植してイラク内外で作戦行動を行うようになったイスラーム過激派諸派の広報活動を見れば明らかである。

二〇〇四年頃～〇九年頃にかけて、これらの諸派による戦果・広報文書・画像・動画の発表は非常に多数・多岐にわたる。それらを報道機関に送り付けたとしても全てが取り上げられる保証はないし、報道機関の編集方針などの制約により発信した文書や動画の全体が報じられるわけでもない。これでは、イスラーム過激派をはじめとする発信者のメッセージや意図が正確に伝わらない可能性が高い。そこで、イラクで武装闘争を行う諸派はインターネットを通じた広報に力を入れるようになった。いったんネット上にファイルをアップロードしてしまえば、誰でも声明の全文、動画の全てを入手することができ、すなわち製作者のメッセージの全てを伝えることが可能となる。

ところが、ここで新たな問題が生じた。インターネット上での広報が盛んになると、画像や動画の加工技術を用いて他の組織の作戦映像などを剽窃したり、全くの架空の団体を名乗って虚偽の犯行声明を発表したりする者が相次いだのだ。これは、イラクで活動する武装勢力にとどまらず、イスラーム過激派の広報の信頼性にかかわる重大な問題だった。

そこで、彼らは声明などを発表する場を少数の会員制のサイトに限定し、投稿者・閲覧者の身許をある程度管理するようになった。個々のイスラーム過激派組織・武装勢力も、広報部門や組織のロゴを整備し、発信元を限定することによって騙《かた》りや剽窃を防止しようとした。主な団体の広報部門としては、アル＝カーイダのサハーブ広報製作機構、アラビア半島のアル＝カーイダのマラーヒム広報製作機構、イスラーム的マグリブのアル＝カーイダやイスラームとムスリム支援団（JNIM）のアンダルス広報製作機構、シャバーブ運動のカターイブ広報製作機構がある。また、掲示板サイトなどの管理者・閲覧者たちも、虚偽の書き込みや剽窃に対する監視・検証を行い、そうした行為に手を染める投稿者を積極的に排撃するようになった。

こうした活動の結果、現在では「どのサイトにどのような名義で発信されるか」によって、「声明が本物か否か」をほぼ確実に判断できるようになった。[19]

イスラーム過激派の広報とSNS

しかし、イスラーム過激派などが戦果の発表や広報で公式サイトや会員制の掲示板サイトを利用することによる問題は続いた。例えば掲示板サイトの管理者や読者が一種の「自浄作用」を発揮し、虚偽の書き込みをする者や彼らが「スパイ」とみなす者を排斥する一方で、サイトの運営者やそれと親しい組織と対立・敵対する個人や組織を発信の場から追放することも起こるようになったのだ。つまり、本来はイスラーム過激派などが自らのメッセージを確実に、しかも広く流布させるために用いる掲示板サイトなどが、かえって発信者や視聴者を限定する働きをするようになっていったのだ。

このような状況を変えたのが、SNS（ソーシャル・ネットワーキング・サービス）の拡大だった。SNSの利用の拡大と携帯端末の発達は、イスラーム過激派の活動の現場の戦闘員たちによる不正規の動画やメッセージの発信を加速させた。一方で、最大の変化はイスラーム過激派が発信する公式・非公式の情報の拡散で生じた。SNSの利用が急速に拡大すると、イスラーム過激派が発信する情報の読者・視聴者たちは、情報発信者の公式サイトや会員制の掲示板サイトではなく、SNS上で共有・拡散を通じて情報を得るようになっていった[20]。そして情報を拡散させる者たちのなかに、日頃からSNS上でシリアやイラクなどでムスリムの民間人が被る紛争被害の情報を発信したり、情報の読者・視聴者たちがイスラーム過激派に合流して戦闘に参加する動機付けとなるような宗教的解釈を発信したりして人気を博する者が現れたのである。このような人々は、イスラーム過激派の活動のなかに「拡散者」と呼ばれる新たなアクターとして位置付けられるべき存在である。

重要なことは、「拡散者」の多くは特定のイスラーム過激派組織の構成員でもなければ、イスラーム過激派の活動家や組織の構成員と直接的な人間関係を持っているわけでもない上、欧米諸国に在住する者も少なくないということだ[21]。二〇一四～一六年にかけては、世界各地からインターネット上の情報だけを頼りにイラクやシリアで「イスラーム国」に合流しようとする者たちの存在が注目を集めたが、彼らに情報を提供したのが「拡散者」たちである。

こうした「拡散者」の活動は、たとえそれがイスラーム過激派の勢力や活動の拡大に効果的なものだとしても、イスラーム過激派と共謀したり、その戦闘に参加したりすることに比べればはるかに軽微な罪にしか問われない。また、各種SNSサービスはイスラーム過激派の情報を発信・拡散するアカウントの削除や凍結に努めているものの、全てを封じ込めることや機械的な一律の削除は検閲や表現の自由の侵害にもかかわる機微な問題でもあるため、「拡散者」の活動に対する効果的な対策をとるのは難しいのが実情である。言い換えるならば、近年のイスラーム過激派の広報活動は、彼らが敵視する欧米諸国が提供・保障する権利や社会基盤に寄生して営まれているのである。

イスラーム過激派の広報製作部門の発達

もう一つの重要な展開は、「イスラーム国」のように複数の広報製作部門を擁し、各々に固有の役割を果たさせる事例がみられるようになったことだ。「イスラーム国」には、幹部らの重要演説の動画・音声の作成、英語をはじめとする非アラビア語の広報作品の作成、ジハードを称揚する唱歌の作成、教理教学に関する書籍やパンフレットの刊行などをそれぞれ専門とする製作部門があり、役割分担をして活動していた。なかでも、通信社や報道機関を自称する製作部門が活動したことは、イスラーム過激派諸派による犯行声明の発信のあり方や声明の質に大きな変化をもたらした。

通常、イスラーム過激派が自らの作戦行動の犯行声明を発表する場合、発表者は報道機関や捜査機関が知りえない秘密（作戦の詳細、現場の動画や画像、実行犯の遺言や演説の動画など）の暴露を行い、自派が作戦を実行したことを実証しなければ声明の信憑性を確保できない。ところが、自派が擁する広報部門にあたかも報道機関のような体裁でなんらかの作戦行動や襲撃事件を「報道」させるのならば、視聴者に対して事件への自派の関与を印象付けることができる上、特段の秘密の暴露は要求されない。

「イスラーム国」は、最盛期にはラジオ局（バヤーン・ラジオ）、通信社（アアマーク）、機関誌（『ナバア』、『ダービク』、『ルーミーヤ』ほか）などの多彩な自称報道機関を擁し、これらの「報道」のなかには世界中のムスリムの凶悪犯罪に言及し、事後的に「イスラーム国」にとって有利な情報が出た際に自派の構成員による作戦行動であると主張する事例もみられた。「イスラーム国」の自称報道機関は、組織的には何のつながりもない共鳴者・模倣者が引き起こした事件ですら、自派の戦果に取り込むという重要な役割を担った。[22] ここまで極端ではないものの、報道機関の体裁をとって広報部門が発表した犯行声明を引用したり、幹部らの談話を配信したりする活動は、アル＝カーイダ諸派の活動全体を網羅して「報道」したサバート通信、シャバーブ運動の関連報道を行うシャハーダ通信も行っている。

4　非国家武装主体としてのイスラーム過激派

イスラーム過激派の観察と分析は、特定のテロリスト・テロ組織・犯罪者の行動の観察と分析にとどまるものではない。また、ムスリムに固有の特殊な思考・行動様式と認識して観察・分析すべきものではない。なぜなら、「テロとの戦い」において「敵」と位置付けられたのは国家でも正規軍でもなく、戦争・紛争の当事者となるものは、非国家武装主体（ＮＳＡＡ［Non-state Armed Actors］）と呼ぶべきものであるからだ。これについては近年、理論面も含めて急速に研究が発達している。

国際安全保障の研究者のリチャード・シュルツらは、非国家武装主体について、①反乱者（Insurgents）、②テロリスト、③民兵（Militias）、④犯罪集団、の四種を挙げている。また、シュルツらは、「非国家武装集団（Non-state Armed Group）とは、国家の権威、法の支配に挑戦し、目的を達成するため、非通常で非対称の暴力を用い、無差別の作戦を実行するもの」と述べている。[23]「無差別の作戦を実行するもの」との認識は議論の余地があるが（第二章参照）、イスラーム過激派を非国家武装主体の一種とみなして議論を進めることには、観察と分析においてこれまでに蓄積された世界各地の紛争と非国家武装主体についての知見を参照・引用することができるという利点がある。また、イスラーム過激派の観察と分析から得られた知見を非国家武装主体に関する研究全体に還元することも、重要な課題となるだろう。

非国家武装主体と紛争

非国家武装主体は、国家の統制が弛緩するか全く及ばなくなった場に現れることが多いが、それが現れる理由や、その活動内容は様々である。アメリカの安全保障と軍事戦略の研究者のスティーブン・メッツは反乱者としての非国家武装主体を分析しており、一九九〇年のアメリカ軍の戦略を引用して、反乱者は深刻な欠点のある国家（重大な不平等、抑圧、政府の腐敗など）で勃興すると指摘している。[24]その目的は、既存の政府の打倒、あるいは既存の政府の支配力・正統性の弱体化、権力や権威の確立、支配の拡大などである。また、メッツの論考は国際的なテロリズムと反乱者との関係を視野に入れたもので、反乱者は敵対する政府に対する内外の支援を抑えたり、政府に対する信頼を損なったりするために長らく活動のなかでテロリズムを用いてきたと指摘している。[25] 反乱者、テロリスト、そして犯罪集団の行動様式は、しばしば重複したり、観察者によって混同されたりするということだ。

一方、民兵という非国家武装主体も、イスラーム過激派やこれを対象とする「テロとの戦い」について論じる際に極めて重要な存在である。というのも、民兵を組織・動員するのは政府に対抗する側だけではなく、犯罪集団、地主のような地方の富裕層、部族のような地縁・血縁集団、宗教・宗派集団ということもあれば、企業が民兵を組織することもある。このような民兵は、国家が弱体で領域の一部、または全部に治安・安全というサービスを提供できない場合に現れるだろう。また、政府自身も、正規軍や警察を十分に整備して領域内にまんべんなく配置することができない場合、様々な経路で人員に武器や訓練を与え、民兵として組織することで反乱者、テロリスト、犯罪集団対策に起用する場合がある。特に、正規軍が行った場合に国際的な非難を浴びるような任務を遂行させたり、「汚れ役」のような振る舞いをさせたりするために、政府が民兵を組織することがある。[26] イスラーム過激派の活動における民兵の存在・役割については、第四章で詳述する。

なぜ紛争が起こるのか

ここで、非国家武装主体が現れ、活動する舞台となるような紛争がなぜ発生するのか、という問題について整理しておこう。紛争とイスラーム過激派という観点からは、中東地域における宗教・宗派・民族集団の間の亀裂こそが紛争の原因であり、各々均質で一枚岩的な宗教・宗派・民族集団がその帰属の違いを理由に宿命的に争っているかのように思われるかもしれない。しかし、一つの国のなかに複数の宗教・宗派・民族集団が混在していれば、必ずその亀裂に沿って紛争が発生するわけではない。

経済学者のフランシス・スチュワートらは、これらの社会集団間の不平等である「水平的不平等（Horizontal Inequalities）」が存在する場合、紛争が発生しやすいと論じている。[27] 多民族・多宗教社会で政治的・経済的・社会的不平等がある場合、すなわち各社会集団の間で集団的な不平等がある場合、個々の社会集団がそのまま当事者となる紛争が発生しやすいという議論である。

一方、経済学者のポール・コリアーらは、一次産品への依存、低所得、低経済成長などが紛争の発生と密接に関係していると論じた。この議論では、（紛争を引き起こすのに必要な）資金源や人員の確保といった機会を奪取しようとする「貪欲な者」たちが存在し、紛争はそうした機会に誘発されて起こることが多いとされる。[28]

人々がなぜ内戦に加わるかという問いについて、政治学者のマイケル・ロスは、石油が紛争の引き金になる理由を分析した。このモデルにおいては、人々が反乱に加わらなかった場合についていた職業や得ていたであろう報酬という機会費用よりも、反乱に加わった場合に得られる（と期待する）経済的利得のほうが高かった場合、人々は反乱に加わると指摘した。[29] ロスの分析モデルでは、人々は不平等・抑圧・差別のような規範的な問題には関心を持たず、自分たちの収入にのみ関心を持つと想定している。このモデルに従うと、就職の機会が少なく、それによって得られる報酬も少ない貧しい国では機会費用が小さくなり、一般の職業についた場合の報酬が大きい豊かな国では機会費用は大きくなる。

イスラーム過激派の非国家武装主体としての性質に鑑みれば、彼らの活動の舞台となる紛争がなぜ発生するのかという考察は必須である。また、紛争地の外でもイスラーム過激派に共鳴したり、その行動様式を模倣したりする者が現れる理由を考察する上でも、機会費用の問題をはじめとする人々が紛争に加わるメカニズムを理解しておく必要がある。

5　イスラーム過激派は統治する

イスラーム過激派を含む非国家武装主体が、国家の支配が及ばない場所に現れ、そこで活動するならば、彼らがそうした権力の空白地を武力で制圧することもありうる。一定の領域を制圧するということは、そこに居住する住民とも何らかの関係を持つことを意味する。

二〇一三〜一四年にかけてイラクとシリアで「イスラーム国」は広大な領域を占拠し、イラク・シリア間の「国境を破壊」するとともに、二〇一四年六月に「カリフ国」を僭称する独自の政体を通じてイスラーム統治を施行すると宣言した。これは、「(テロ組織による)一方的な国家の樹立」などの表現で新奇な現象、歴史的重大事であるかのように論じられた。

確かに、「イスラーム国」が主張した「国家」は、既存の国際社会から承認されることもその一員となることも望まなかったし、イラクとシリアだけでなくレバノンやヨルダン、ひいては「イスラーム国」がイスラーム共同体と認識する全ての領域で既存の国家を打倒・解体することを標榜するなど、第一次世界大戦後に原型が形成された現代の中東の国際秩序への挑戦としての新奇性・歴史性を認めることができるかもしれない。その一方で、同派の行動を非国家武装主体の行動として分析すると、領域を占拠する、統治を行う、政府やそれに類する政体を樹立・運営する、などの行為は決して珍しいことではない。また、複数の国家にまたがり、成就した際には国境の再編につながる民族独立武装闘争もみられる（中東においてはクルディスタン労働者党〔PKK〕の活動など）ことから、「イスラーム国」による「国境破壊」の意義についても過大評価してはならない。

非国家武装主体による統治に関する研究

近年の非国家武装主体による統治についての研究は、その当事者となる武装勢力・政治運動の思想信条や文化的価値観によって彼らの統治を説明するのではなく、弾圧や物理的誘因によって説明する傾向にある。武装勢力は、制圧下の民間人を武力で脅迫するだけでは効率的に活動を行うことができないし、報酬を与えるだけでも彼らを十分に服従させることはできない。その結果、ある領域を占拠した武装勢力は、少なくとも制圧下の住民が（武装勢力が敵対する）既存の政府の側につかない程度に人心を掌握するため、統治の制度を整備する。[30]

無論、非国家武装主体のなかには制圧下の住民に関心を払わなかったり、住民を単なる収奪や民族浄化の対象とみなしたりするものもある。天然資源の利権を掌握したり、外部から十分な支援が得られたりする非国家武装主体や、住民を統治することよりも活動の存続のために資源を費やすことを選んだ非国家武装主体は、統治を行わないだろう。非国家武装主体による統治を研究したネルソン・カスフィルは、こうした事情や統治を行わない非国家武装主体が存在することを認識した上で、それでもほとんどの非国家武装主体は制圧下の民間人を統治するために資源を投じているように見えると指摘している。[31]

イスラーム過激派について言えば、彼らはその思考・行動様式、目的の面から、領域を占拠してその住民を統治することを決して疎かにはできない。というのも、イスラーム過激派は本章冒頭で定義した通り「公的領域におけるイスラーム的価値の実現を求める政治的イデオロギー」としてのイスラーム主義を信奉する人々であり、実際にどのような関与や行使をするかはともかく、何らかの政治権力を獲得してそれを基に制圧下の住民の生活を秩序づけるという行為は、彼らの活動に必須である。すなわち、イスラーム過激派がイスラーム過激派であるためには、「領域とそこの住民を統治しなくてはならない」のである。

このため、「イスラーム国」がイラクとシリアで、またシリアにおけるアル＝カーイダであるシャーム解放機構（旧称：ヌスラ戦線）がシリアのイドリブ県を中心とする一帯で領域を占拠し、そこを統治することは、彼らの活動に鑑みると当然の帰結ともいえる。また、これらの例を待つまでもなく、一九九〇年代末〜二〇〇一年まではアフガニスタンの国土の大半をターリバーンが統治していた。ターリバーンは、二〇二一年八月にアメリカ軍をはじめとする連合軍がアフガニスタンから撤退した後、同国のほぼ全域を制圧し、イスラーム統治の実践を試みている。この事態は、「テロとの戦い」の破綻・失敗を象徴するものとも考えられる。ターリバーンをはじめとするイスラーム過激派の統治については、第五章にて詳述する。

第二章　「テロとの戦い」の顛末

本章は、「テロとの戦い」がその始まりから終焉までどのように展開したかを論じる章である。「テロとの戦い」は、二〇〇一年にアメリカのブッシュ大統領の宣言を契機として始まり、アフガン戦争（二〇〇一年）、イラク戦争（二〇〇三年）、その他テロ組織に対する軍事行動に象徴されるものである。その一方で、二〇〇四年のG8首脳会議での提案を背景とする、地域諸国の自発的改革努力への支援としての「拡大中東・北アフリカ構想」[1]に基づく地域の安定と発展のための取り組みも、「テロとの戦い」の展開やイスラーム過激派諸派の盛衰を考える上で見逃してはならない。なぜなら、この構想の具体的な取り組みとして、自由で透明な選挙の実施、表現の自由の保護、若年層の雇用機会の促進、教育・職業訓練、産業振興が挙げられるのだが、これらは政治的行動としてのテロリズムの有効性や、テロ組織の末端の構成員として勧誘される人々の増減とも深くかかわるからだ。従って、「テロとの戦い」の顛末を論じる上では、個々の紛争や軍事行動に焦点を当てるだけでなく、中東やその周辺での政治改革・政治変動、経済開発の展開をも視野に入れることが不可欠である。

本書では「テロとの戦い」の対象とされたイスラーム過激派諸派がこの間どのように変化したのかに着目するため、「テロとの戦い」の展開を時系列的に記すのではなく、個々のイスラーム過激派の団体の盛衰や思考・行動様式の変容を記述することにより、「テロとの戦い」の顛末を論じたい。

1 アル＝カーイダの盛衰

「テロとの戦い」の発端となった九・一一事件を引き起こしたという点、「テロとの戦い」の過程でその思考・行動様式が広範囲に拡散したという点に鑑み、アル＝カーイダが「テロとの戦い」の一時代の主役だったことに疑いはない。しかし、アル＝カーイダと同派の系列の諸派の活動には明らかな盛衰があり、常に世界中に「テロの脅威」[2]を及ぼし続けていたわけではない。以下では、アル＝カーイダの出現から二〇一〇年頃までの動向に焦点を当てる。

アル＝カーイダの誕生

アル＝カーイダは、一九七九年のソビエト連邦によるアフガニスタンへの軍事侵攻に対抗するため、アラブ諸国からアフガニスタンへと赴いて軍事訓練・戦闘・広報活動・資金調達などに加わった者たちが形成したネットワークを発端とする。パレスチナ出身のアブドゥッラー・アッザームや、サウディアラビア出身のウサーマ・ビン・ラーディンがパキスタンを拠点にしてこれらのアラブ人の受け皿となったが、このネットワークが形成され、アル＝カーイダと呼ばれるようになった由来については、二〇〇一年一〇月四〜九日にサウディアラビア資本の汎アラブ紙である『アル＝ハヤート』に掲載されたシリーズの第二回に興味深い記述がある。▼3

それによると、一九八八年にビン・ラーディンは、アフガニスタンでジハードに参加するアラブ人の負傷者や殉教者（＝死者）が増えるにつれ、彼らの家族からの消息照会に応えるための記録がないという問題に気付いた。そこで、ビン・ラーディンと仲間たちは、アフガニスタンに到着した者全員について、ビン・ラーディンらがアラブ人の受け入れのために組織していた事務所であるバイト・アンサールに合流した日付や、訓練キャンプや戦線への配属の詳細を記載した記録台帳を作成することにした。やがて記録台帳の作成作業そのものが独立した運営主体を必要とするほど大規模な作業に発展したため、ビン・ラーディンらはこの作業を「スィジッル・アル＝カーイダ（アラビア語で記録台帳を意味する）」と命名した。この台帳に記載された情報に基づいて形成されたアフガニスタンでの訓練・戦闘経験者のネットワークが、アル＝カーイダである。アル＝カーイダとは、台帳なりデータベースなりを指していたものが、イスラーム過激派組織とそのネットワークを指す名称に転じたものである。

ウサーマ・ビン・ラーディン

ビン・ラーディンは、イスラーム暦一三七七年（西暦一九五七〜五八年）にサウディアラビアの建設業で成功したムハンマド・ビン・ラーディンの息子として生まれた。▼4 ウサーマがムハンマドの何人目の子息なのか、兄弟が何人いるのかについて、正確なことは不明である。小学校から大学までの教育はサウディで受け、一七歳で最初の結婚をしたようだ。その後、ビン・ラーディンは一九七九年のソ連のアフガン侵攻に激怒し、アフガニスタンに向かうと前述のように同地で戦闘に参加しようとするアラブ人の受け入れ・訓練の活動を開始するのである。一九八九年にソ連軍がアフガニスタンから撤退すると、ビン・ラーディンはサウディに帰国する。

一九九〇年の湾岸危機の際に、ムスリムにとっての聖地をサウディアラビア王国がイラクの脅威に対し自力で防衛できず、アメリカを中心とする多国籍軍数十万人がアラビア半島に駐留したことがビン・ラーディンの転機となる。ビン・ラーディンには、聖地を占領するアメリカ軍をサウディアラビア王国が自ら招き入れたと映り、同人は両者をイスラームとムスリムの敵と認識した。こうしてビン・ラーディンは、アメリカ軍に対する宣戦布告宣言（一九九六年）、「ユダヤと十字軍との聖戦のための世界イスラーム戦線」結成宣言と、それに伴うアメリカ人の殺害を唱導する宗教的見解を発表した（一九九八年）。ユダヤと十字軍との聖戦のための世界イスラーム戦線は、エジプトのジハード団の幹部であるアイマン・ザワーヒリーらと共に結成したものである。その後、ビン・ラーディンらはケニアとタンザニアでのアメリカ大使館爆破事件（一九九八年八月七日）、そして九・一一事件（二〇〇一年九月一一日）へと突き進んでいった。一連の作戦を企画・実行した者たちが、アル＝カーイダとして知られるようになった。

アル＝カーイダの「拡散」

アル＝カーイダは、「テロとの戦い」で第一の攻撃対象に挙げられ、同派とアフガニスタンでそれを庇護していたターリバーンはアフガン戦争で攻撃を受けた。ターリバーンは二〇〇一年末までに政権から放逐され、ビン・ラーディンらも逃亡・潜伏した。世界各地でアメリカ権益への攻撃を企画・実行してきたアル＝カーイダの能力は大きく殺がれたと考えられた。

しかし、アル＝カーイダの活動はそれ以前とは異なる形で展開していった。確かに、後にアル＝カーイダ本体、あるいはアル＝カーイダ総司令部と呼ばれるようになるビン・ラーディンらが直接率いる集団が企画・実行した攻撃は減少した。だが、彼らは声明・音声・動画を発信する広報活動を続けた。この頃、アフガニスタンからはアフガニスタンのアル＝カーイダ名義で『ホラサーンの前衛』と題する機関誌が発行された。こうした動きを受け、アル＝カーイダの広報活動に呼応したり、アル＝カーイダの主張・論理に共鳴したり、思考・行動様式を模倣したりするイスラーム過激派の活動家・集団が、アラブ諸国を中心に世界の各地に出現したのである。

アラビア半島でのアル＝カーイダ

サウディアラビア王国は、九・一一事件での航空機乗っ取り犯一九人のうち一五人が同国出身者だったこともあり、「テロとの戦い」のなかで国内のイスラーム過激派の摘発に努めた。サウディアラビア王国では、一九七九年のカアバ神殿占拠事件、湾岸戦争後の政権に対する抗議行動や建白書の提出運動、そしてビン・ラーディンらの活動のように、イスラームの論理に基づく反体制運動・改革要求が存在しており、それらの一部が当局と武力衝突を起こすようになった。

二〇〇三〜〇七年頃には、アラビア半島のアル＝カーイダが当局との衝突や外国人・外国権益への襲撃などの武装闘争を行った。この時期のアラビア半島での主な攻撃事件のなかには、日本人も負傷したリヤードの外国人居住区に対する自動車爆弾攻撃（二〇〇三年五月）、リヤードでの爆破事件（二〇〇三年一一月、アル＝カーイダの犯行声明が出回った）、リヤードでの治安部隊本部への自爆攻撃（二〇〇四年四月）、ヤンブーでの石油施設襲撃事件（二〇〇四年五月、外国人六人が死亡）、フバルでの石油企業・居住施設襲撃事件（二〇〇四年五月、外国人一九人が死亡）、リヤードでのBBC記者襲撃事件（二〇〇四年六月、カメラマンが死亡）、リヤードでのアメリカ人の誘拐・斬首事件（二〇〇四年六月、アラビア半島のアル＝カーイダが動画を発表）、クウェイトでの襲撃事件とジェッダのアメリカ領事館襲撃事件（二〇〇四年一一月、一二月、二〇〇五年三月にアラビア半島のアル＝カーイダが事件に言及する音声を発表）、ブカイクの石油施設に対する自動車爆弾攻撃（二〇〇六年二月、アラビア半島のアル＝カーイダが犯行声明と実行犯の動画を発表）、マディーナでのフランス人襲撃事件（二〇〇七年二月、四人が死亡）がある。また、アラビア半島のアル＝カーイダは、『サウト・ジハード』、『ムアスカル・バッタール』と題する著名な機関誌を刊行し、アメリカ人への襲撃を扇動するなどの広報活動も行った。

ただし、サウディアラビアを中心とするアラビア半島のアル＝カーイダの活動は次第に低調になり、二〇〇六年六月には当時のサウディアラビアの国王が自国内のアル＝カーイダへの勝利を宣言した。その後、同派は二〇〇九年一月に隣国のイエメンのイスラーム過激派諸派と統合し、あらためてアラビア半島のアル＝カーイダの結成を宣言するという、縮小再生産の道をたどった。

イラクでのアル＝カーイダ

イラクにおいても、二〇〇四年以降アメリカ軍に対する武装抵抗運動が活発化するなかで、イスラーム過激派の勢力が拡大した。アル＝カーイダとの関連で最も著名な団体は、アメリカ政府がフセイン政権とアル＝カーイダとの結びつきを示す人物として挙げたアブー・ムスアブ・ザルカーウィー（本名：アフマド・ハラーイラ）が率いたタウヒードとジハード団である。タウヒードとジハード団は、二〇〇四年一〇月にザルカーウィーがビン・ラーディンに忠誠を表明し、これをビン・ラーディンが受け入れたことにより二大河の国のアル＝カーイダと改称した。同派は「イスラーム国」の前身となった団体であり、これについては次節で詳述する。

マグリブでのアル＝カーイダ

リビア、チュニジア、アルジェリア、モロッコ、モーリタニアからなるマグリブ地域の諸国も、イスラーム過激派の活動、アル＝カーイダの影響から無縁ではなかった。特にアルジェリアにおいては、「テロとの戦い」に先立つ一九九〇年代から政府とイスラーム過激派とが激しく交戦し、イスラーム過激派の攻撃はフランスにまで及んでいた。

この時期のアルジェリアにおけるイスラーム過激派の中心は武装イスラーム集団（ＧＩＡ）で、同派はスウェーデンやイギリスに拠点を置くイスラーム過激派の活動家を通じて機関誌を発行するなど国際的な連携をとりつつ活動した。だが、ＧＩＡはアルジェリアでの武装闘争に行き詰まった末に、自派に加わらないアルジェリア人民全体を不信仰者宣告（タクフィール）するに至り（一九九七年）、アルジェリア国内と国際的なイスラーム過激派活動家からの支持を喪失した。▼5 ＧＩＡは、二〇〇五年一月にアルジエリアの内務省が同派の首領を逮捕したと発表し、その後ほぼ壊滅状態となった。

ＧＩＡと入れ替わるかのようにアルジェリアでの武装闘争の担い手となったのが、教宣と戦闘のためのサラフィー集団（ＧＳＰＣ）である。同派は、支持を失って分裂しつつあったＧＩＡや、その他のイスラーム過激派諸派を再集結する形で一九九八年に結成されたと考えられている。ＧＳＰＣの活動は、アルジェリアの人口密集地である地中海沿岸の山地や都市部だけでなくサハラ砂漠方面にも広がり、サハラ砂漠方面でヨーロッパ人観光客を誘拐する事件を引き起こした（二〇〇三年二月）。

ＧＳＰＣは、二〇〇六年九月に当時の指導者のアブー・ムスアブ・アブドゥルウドゥードがビン・ラーディンに忠誠を表明し、二〇〇七年一月にこれが受け入れられるとイスラーム的マグリブのアル＝カーイダへと改称した。アル＝カーイダへの加入はＧＳＰＣの攻撃対象や攻撃の手法に影響を及ぼした模様で、アルジェリアで活動する外国企業への襲撃や、政府・軍・治安部隊・国際機関に対する自動車爆弾を用いた大規模な自爆攻撃が目立つようになった。

主な活動の例としては、アメリカ企業の系列業者の車両襲撃（二〇〇六年一二月、ＧＳＰＣが犯行声明を発表）、ロシア企業への爆弾攻撃（二〇〇七年三月）、外国人労働者の車列への爆弾攻撃（二〇〇七年九月、イスラーム的マグリブのアル＝カーイダが犯行声明を発表）、アルジェの国連施設・政府施設への自動車爆弾攻撃（二〇〇七年一二月）、フランス企業への襲撃（二〇〇八年六月）、カナダ企業への自爆攻撃（二〇〇八年八月）がある。また、外国人の誘拐については、二〇〇八年にチュニジアで誘拐したオーストリア人二人をマリに連れ去ったほか、二〇〇九年二月にニジェールでイギリス人、ドイツ人、スイス人計四人を誘拐したと発表するなど、イスラーム的マグリブのアル＝カーイダがアフリカ大陸北西部の広域で活動していることを示す事例が相次いだ。さらに、モーリタニアに対する攻撃や脅迫も行い、主なものには二〇〇七年一二月にモーリタニアの治安部隊への攻撃を発表した声明でパリ・ダカールラリーに言及した例と、在モーリタニア・イスラエル大使館襲撃事件（二〇〇八年二月）、在モーリタニア・フランス大使館襲撃事件（二〇〇九年八月）がある。二〇〇七年一二月の声明は、その後のパリ・ダカールラリーの中止や開催地変更にも影響を与えた、国際的反響の大きい活動だった。

なお、マグリブにおいては、二〇〇七年一一月にアイマン・ザワーヒリーがリビアの戦闘的イスラーム集団のアル＝カーイダ加入を発表した事例もある。この事例は、当の戦闘的イスラーム集団からのビン・ラーディンに対する忠誠表明が出回っていない、その後のリビアにおけるアル＝カーイダの活動が顕在化しないなど確定的とはいえないものではあったが、各地のイスラーム過激派がアル＝カーイダの傘下に入ることでその名声や権威から受益しようとする現象の広がりを印象付けた。

イエメンでのアル＝カーイダ

アラビア半島の南西端に位置するイエメンでも、アル＝カーイダやそれに近しい団体による活動がみられた。アメリカ海軍の軍艦コール爆破事件（二〇〇〇年一〇月）、イエメン沖でのフランスのタンカー爆破事件（二〇〇二年一〇月）が、「テロとの戦い」開始の前後に発生した。また、二〇〇七年七月と〇八年一月にはヨーロッパ人観光客に対する自爆攻撃や襲撃事件が発生し、二〇〇八年三月と九月にはアメリカ大使館を狙ったと思われる攻撃事件も発生した。二〇〇三～〇八年にかけてのイエメンにおけるイスラーム過激派団体としては、アデン・アビヤン・イスラーム軍、イエメンの兵士部隊、イエメンの地のアル＝カーイダ、アラビア半島南部のアル＝カーイダ、イエメンのアル＝カーイダの名前が挙がった。

二〇〇九年一月には、前述の通りサウディアラビアでの活動が困難になったアラビア半島のアル＝カーイダがイエメンの諸派と統合し、あらためてアラビア半島のアル＝カーイダを名乗った。同派は、サウディの内務次官暗殺未遂事件（二〇〇九年八月）のほか、韓国人観光客に対する自爆攻撃とこの事件の調査のためにイエメンを訪問した韓国政府職員の車両に対する自爆攻撃（二〇〇九年三月）、ナイジェリア人の自爆要員を起用したアメリカの旅客機爆破未遂事件（二〇〇九年一二月）、イギリスの外交団に対する自爆攻撃（二〇一〇年四月）などの国際的な反響を呼ぶ攻撃を実行した。

また、アラビア半島のアル＝カーイダは、二〇〇九年頃からは、アンサール・シャリーアという名義でイエメン領内の領域を占拠する活動を推進した。さらに、幹部のアンワル・アウラキーが英語で演説してアメリカ権益に対する攻撃を扇動したり、英語の機関誌『インスパイアー』を刊行したりして、二〇一〇年頃はビン・ラーディンらをしのぐアメリカに対する脅威と目された。

アル＝カーイダ現象

ビン・ラーディンらのアル＝カーイダは、「テロとの戦い」でアメリカの主要な敵と位置付けられたことにより、超大国アメリカに対抗する組織・運動としての名声を獲得した。これにより、元々アル＝カーイダとして活動していた者たちに加え、イラクやマグリブでの事例のように忠誠表明を通じてアル＝カーイダの傘下に入り、組織名を改称してアル＝カーイダを冠する団体が現れた。これは、アル＝カーイダ本体の作戦実行能力が低下しているにもかかわらず、世界各地に同派の影響力や名声が拡大するという効果をもたらした。このような、各地のイスラーム過激派がアル＝カーイダのフランチャイズと化していくような形での世界的な「拡散・拡大」は、アル＝カーイダ現象と呼ぶべきものであった。

アル＝カーイダ現象は、報道機関やインターネット上で著述を行う者たちの間に、アル＝カーイダへの過大評価やアル＝カーイダ現象への悪乗りともいえる行為をも誘発した。その結果、全く実態を伴わないにもかかわらず世界各地の様々な事件で「犯行声明」なる文書を発信したアブー・ハフス・ミスリー部隊、秘密組織団を名乗る「偽声明」の書き手のほか、東アジアのアル＝カーイダと称した殉教者ハンムーディー・ミスリー部隊（二〇〇四年一〇月）や、北ヨーロッパのアル＝カーイダを名乗る胡乱な声明（二〇〇五年九月）まで現れた。

アル＝カーイダ現象のキーマン？

「テロとの戦い」が始まってからアル＝カーイダが世界的に拡散し、共鳴者や模倣者の小規模な集団が扇動・脅迫・広報活動や実際の武装闘争に関与するようになった現象を巡り、アブー・ムスアブ・スーリー（本名：ムスタファー・シットマルヤム）という人物がしばしば重視される。▼6 同人は、一九五八年にシリアのアレッポで生まれ、一九七〇年代〜八〇年代初頭にシリアの反体制武装闘争団体の戦闘前衛に参加した。シリアでの反体制闘争が失敗すると国外に逃亡し、アフガニスタン、イギリスを遍歴してアル＝カーイダの著名な活動家となった。イギリスでは、前述のGIAの機関誌発行の中心人物の一人となった。

スーリーは、シリアでの武装闘争の失敗を教訓としてイスラーム過激派の武装闘争の方針・戦術について長大な文書を著した。そして、十字軍・シオニズムの世界覇権に対抗する世界的なイスラーム抵抗戦線の形成が必要で、その過程で既存の体制を打倒し、イスラーム共同体を包括するイスラーム国家を樹立すべきだと主張した。同人が提唱した戦術のなかで注目すべき点は、ヒエラルキー型の組織ではなく、個人や少人数の集団をつなぐネットワークの決起によって世界各地で攻撃を行うことと、インターネットを通じて個人単位の勧誘を行うよう提唱したことである。[7] スーリーの著述は、アル＝カーイダが国際的に拡散する状況下で同派の戦略書として注目を集めた。また、シリア紛争勃発（二〇一一年）後のシリアにおけるイスラーム過激派の武装闘争と、そのなかでのヌスラ戦線や「イスラーム国」の活動にも影響を与えたとの評価もある。[8]

スーリーの活動やイスラーム過激派への影響力を考える上で問題となるのは、同人の消息が現時点で不明だという点である。スーリーは、二〇〇五年頃にパキスタンでアメリカによって逮捕され、その後シリア当局に引き渡されたと考えられている。シリア紛争が激化するなかで、シリア当局が同人を釈放したとの説もあるが、スーリー自身による活動は全くといっていいほど公になっていない。その上、実はアル＝カーイダ、「イスラーム国」などのイスラーム過激派がスーリーの著述を引用したり、同人を称賛したり、同人に連帯を表明したりする機会も少ない。特に、「イスラーム国」は同人に対して明確な否定・非難の論調をとる。このような状況に鑑みると、スーリーの著述によってイスラーム過激派の活動の戦略・戦術の全てに説明がつくのではなさそうだ。イスラーム過激派内でのスーリーの価値や影響力については様々な角度から検討する必要がある。

アル＝カーイダの衰退

アル＝カーイダは、ビン・ラーディンらがアフガニスタンでのソ連に対する武装闘争を通じて構築した組織・ネットワークに始まり、広汎な連帯・共鳴・模倣の現象へと拡大した。しかしながら、その政治的影響力や社会的反響、そして諸派が発信する声明などの件数やそこで表明される軍事作戦の件数などを見ると、アル＝カーイダの活動は二〇〇六〜〇七年を頂点に衰退していった。

その要因としては、二大河の国のアル＝カーイダを含むイラクにおけるイスラーム過激派諸派の活動が急速に衰えたことが挙げられる。また、前述の通り二〇〇九年のアラビア半島のアル＝カーイダの再編は、サウディアラビア領内での活動が困難になった活動家らがイエメンに活動の場を移した結果の縮小再生産であることにも注目すべきである。二〇〇九年一月に発表されたアラビア半島のアル＝カーイダ統合声明によると、サウディで活動していた者たちがイエメンの指導部に合流するという体裁がとられており、この統合がアル＝カーイダの拡大ではなく、活動が困難になった結果、活動と潜伏の場所がイエメンに収斂していったものであることを示していた。イスラーム的マグリブのアル＝カーイダも、本来の活動地域であったアルジェリアの地中海沿岸部での活動が低調となり、地理的なマグリブとはかけ離れたサヘル地域へと後退していった。

サウディアラビアにおけるアル＝カーイダの武装闘争の衰退については、テロリズムやジハードについて研究するトーマス・ヘッグハンマーが興味深い分析をしている。それによると、衰退の原因は、①サウディアラビア政府とアル＝カーイダの力量に差がありすぎた、②サウディアラビア政府による、軍事力だけでない宗教分野も通じたアル＝カーイダ対策が功奏した、③サウディアラビアにおける反体制闘争への蜂起よりも、イスラーム共同体（＝イラク）への外敵（＝アメリカ）侵入に対する武装闘争へ多くの資源が流れた、などの点にある。▼9

ヘッグハンマーの指摘が本書の考察で重要なのは、「テロとの戦い」を通じてイスラーム過激派の一部がアル＝カーイダの名を冠する組織へと改称し、アル＝カーイダが世界的なフランチャイズへと変貌する一方で、各々のフランチャイズの間でヒト・モノ・カネといった資源の獲得競争が営まれていたことを明らかにしたからだ。つまり、アル＝カーイダのネットワークは、傘下の諸派や支持者の間での戦略・戦術決定と実行、資源の融通について、特撮ヒーローシリーズに現れる悪の秘密結社の首領が持つような決定権や影響力を持っていたわけではなかったのである。

二〇一一年には、ビン・ラーディン（五月）、アンワル・アウラキー（一〇月に同人の殉教を伝える声明が発表された）が「テロとの戦い」の戦果として殺害されたが、イスラーム過激派の活動の観察を通じて得られた感触としては、それらを待たずにアル＝カーイダは息を引き取ろうとしていた。

2 「イスラーム国」の萌芽

「テロとの戦い」は、アフガニスタンでのアル＝カーイダとターリバーンを対象とする軍事行動から、アメリカが「テロ支援」の元凶とみなす諸国や「テロ組織」の活動を許す地域に対するより広汎な軍事・外交・政治・経済分野での措置へと拡大していった。

イラク戦争と「テロとの戦い」

最も顕著な展開は、二〇〇三年からのイラク戦争だった。イスラーム過激派の活動に与えた影響という観点から言えば、アラブ・ムスリムにとっては僻地に見えるかもしれないアフガニスタンに比べ、マシュリクの中心部に位置し、アラビア半島にも隣接するイラクがアメリカをはじめとする連合軍に占領されたことは、イラクを舞台とするイスラーム過激派の活動を促進した。

そのなかでも特に活発に活動したのが、前述のザルカーウィーが率いたタウヒードとジハード団だった。イラク戦争前の時点でのアメリカの諜報情報によるとザルカーウィーはアル＝カーイダとフセイン政権を結ぶ重要人物と位置付けられていたが、同人の経歴やイスラーム過激派としての活動歴は、そのような単調な筋書きに沿ったものではなかった。

ザルカーウィーが率いるタウヒードとジハード団は、二〇〇四年春からインターネット上で誘拐した外国人の斬首動画を発信したり、戦果発表を行ったりするようになった。また、それ以前にも、二〇〇三年八月に発生したバグダードでの国連事務所爆破事件、ナジャフでの爆破事件などの重要な事件は同派が実行したとされている。

ザルカーウィーの経歴については、保坂がアメリカ当局の主張やそれに沿った報道を検証する形で論じている。[10] それによると、確かにザルカーウィーは二〇〇三年以前にアフガニスタンでビン・ラーディンと接点があったが、その活動はビン・ラーディンらの指揮下に入っていたわけではなく、時に資源の獲得を争う競合的なものであり、その時点でザルカーウィーがアル＝カーイダの一員だったとは言い難い。実際、ザルカーウィーがビン・ラーディンへの忠誠を表明したのは二〇〇四年一〇月の声明であり、これは「それ以前のザルカーウィーはビン・ラーディンに忠誠を誓っていない（つまりアル＝カーイダの一員ではない）」ことを示していた。重要な点は、「テロとの戦い」のなかで形成され広く信じられているイスラーム過激派の活動家の経歴や諸組織の活動歴についての物語が、事実に基づいているとは限らないということだ。

二大河の国のアル＝カーイダ

タウヒードとジハード団は、ザルカーウィーからビン・ラーディンへの忠誠表明が受け入れられたことを機に二大河の国のアル＝カーイダと改称した（二〇〇四年一〇月）。あるイスラーム過激派組織が忠誠表明を経てアル＝カーイダに加入し、アル＝カーイダと改称した、名称を改めるという行動様式は、このザルカーウィーの忠誠表明を端緒として広まった。もっとも、改称にもかかわらず同派の行動様式は、それ以前と大きくは変わらなかった。タウヒードとジハード団、及び二大河の国のアル＝カーイダの行動の特徴は、外国人の誘拐・斬首を動画と共に盛んに宣伝すること、シーア派に対する敵意を公言し民間人を多数殺傷することを意図した作戦を幾度も実施すること、イスラーム過激派を含めイラクで活動するその他の武装勢力との仲が極めて悪いことである。

イラクにおける外国人の誘拐・斬首は、二〇〇四年春にアメリカ人、韓国人が被害に遭う事件が発生してから多数発生し、就労・商用・旅行・外交などあらゆる用務でイラクを訪れた者が対象となった。日本人旅行者が犠牲となった事件（二〇〇四年一〇月）は、二大河の国のアル＝カーイダへの改称後初めての外国人の誘拐・斬首事件である。二〇〇四年前半は、グアンタナモ基地（キューバ）やイラクのアブー・グライブ刑務所に収監されたイスラーム過激派囚人に対するアメリカ軍による虐待が問題視された時期でもあるが、タウヒードとジハード団、または二大河の国のアル＝カーイダが命乞いや斬首の動画で被害者に着用させたオレンジ色の囚人服は、アメリカ軍が運営したイスラーム過激派収監施設の囚人服と同じ色であり、アメリカ軍に対する意趣返しとしての意味があった。この、外国人を誘拐し、オレンジ色の囚人服を着せて命乞いや脅迫動画を発信し、挙句に人質を斬首して殺害し、その動画を発表するという行動様式は、後年の「イスラーム国」にも引き継がれた。[11]

二大河の国のアル＝カーイダとシーア派

シーア派に対する強い敵意も二大河の国のアル＝カーイダの特徴の一つではあるが、それがザルカーウィーやその仲間たちの個性によるものであるとか、イラクで活動するイスラーム過激派に固有のものであるとは限らない。というのも、現代のイスラーム過激派の思考・行動様式の理論的な基盤ともなる業績を残した歴史的なイスラーム法学者の、イブン・ジャウジーやイブン・タイミーヤの著述のなかにもシーア派に対する非難がみられるからだ。[12]また、サウディアラビアにおけるアル＝カーイダの活動家のユースフ・ウヤイリーは、『バグダード陥落後のイラクとアラビア半島の将来』と題する扇動書を著し（二〇〇三年）、そのなかでラーフィダ（＝シーア派）の脅威は十字軍やユダヤに匹敵するものだと論じた。ウヤイリーは、シーア派が宗教的な信条の面でイスラームと相容れず、彼らと和解するくらいならばキリスト教徒と和解したほうが害悪は少ないと主張した。[13]

このように、イスラーム過激派の間には、時として本来の敵であるはずの十字軍やシオニストよりもシーア派への攻撃を優先すべきだと考える状況認識が存在している。いずれにせよ、ザルカーウィーらはイラク中部のサーマッラー市にあるシーア派の聖廟を爆破し（二〇〇六年二月）、これをきっかけにイスラーム過激派諸派とシーア派民兵との抗争は内戦状態といわれるほどに激化した。同じ頃、二大河の国のアル＝カーイダは配下にウマル軍団との名称でシーア派の民兵への攻撃を専門とする組織を編成した。

自称カリフ国の「建国」

イラクでは、二〇〇四年以降アメリカ軍などを占領軍とみなしこれに武装闘争を挑む武装勢力が乱立し、二大河の国のアル＝カーイダはそのなかの有力団体の一つと位置付けられる。同派はイラクでの勢力を拡大するにあたり、他の武装勢力諸派を解体・併合の対象とみなしていた模様である。二大河の国のアル＝カーイダは、他の武装勢力を吸収する形で自派が率いる連合体を結成し、二〇〇六年一月にはムジャーヒドゥーン・シューラー評議会の結成を発表した。

そうしたなか、アメリカ軍はザルカーウィーの殺害に成功した（二〇〇六年六月）のだが、同人殺害後もその活動は引き継がれ、イラク・イスラーム国の結成（二〇〇六年一〇月）へと至る。この際にも、他の小規模な武装勢力複数を吸収し、「信徒の長」であるアブー・ウマル・バグダーディーに忠誠を誓わせた。

この二〇〇六年一〇月のイラク・イスラーム国の結成宣言こそが、「イスラーム国」による最初の

〝国家樹立〟宣言である。二〇一四年六月末の「イスラーム国」への名称変更・カリフ国の僭称などは、二〇〇四年以来の「イスラーム国」の前身となった組織の活動の展開・変遷の結果である。「信徒の長」とはカリフの別の称号でもあるため、同派によるカリフ制復活の試みは、この時点で既に顕在化していたといえる。イラク・イスラーム国は、「戦争相」にザルカーウィーの後継者と目されていたアブー・ハムザ・ムハージルを起用するといった「閣僚」人事を複数回にわたり発表するなど、自称国家としての広報活動に努めた。

イラク・イスラーム国の衰退

しかし、イラク・イスラーム国の活動は二〇〇七年頃から衰えていく。その理由としては、ヨルダンのアンマンでの爆破事件（二〇〇五年一一月）のように、イラクにとどまらない活動に乗り出したことで近隣諸国の諜報機関による監視やスパイ活動が強まったことも考えられる。だが、それ以上に重要な要因として、イラク・イスラーム国が自派以外のイラクの武装勢力のほとんどと敵対関係に陥ったことが挙げられる。イラクの武装勢力諸派は、様々な連合を形成したり、共同の攻勢を実施したりしていたのだが、イラク・イスラーム国はそれらに加わらないだけでなく、他の武装勢力を非難し、ついには攻撃対象にするに至った。

こうして孤立を深めたイラク・イスラーム国は、次第に軍事的な勢力と政治的な影響力を失っていき、やがて「信徒の長」アブー・ウマル・バグダーディーと「戦争相」アブー・ハムザ・ムハージルがアメリカ軍に殺害された（二〇一〇年四月二四日にイラク・イスラーム国がこれを認める声明を発表した）。三週間ほど後、イラク・イスラーム国は後継の「信徒の長」にアブー・バクル・バグダーディー、「首相」にアブー・アブドゥッラー・ハサニー・クラシーを擁立したと発表した（二〇一〇年五月一五日）。このアブー・バクル・バグダーディーこそが後の「イスラーム国」の自称カリフとして世界的な名声を得るのだが、イラク・イスラーム国の首長に選出された時点ではその影響力は重視されず、イスラーム過激派の活動にアル＝カーイダのビン・ラーディンやザワーヒリーをしのぐほどの影響を与えることも予想されていなかった。

むしろ、二〇一〇年五月までの情勢推移はイラク・イスラーム国の衰退を示しており、同派による戦果の発信件数も著しく減少していた。アメリカにおいても、オバマ政権の下でイラクからの撤退が議論され、これは二〇一一年末のアメリカ軍の完全撤退として現実のものとなる。二〇一〇年末の時点で、同派の活動の政治的・社会的影響力は最盛期に比べて著しく減退しており、後に「イスラーム国」となるイラク・イスラーム国は息を引き取ろうとしていた。

3　世界に広がるイスラーム過激派とその盛衰

ムスリムが関わる紛争や、イスラーム過激派の活動は世界各地でみられる。そうした場に現れたイスラーム過激派諸派は様々な行動を起こし、アル＝カーイダに、そして「テロとの戦い」に様々な形で関与した。この様々な行動、様々な形での関与に問題が隠されている。

マドリードでの列車爆破事件（二〇〇四年三月）、ロンドンでの爆破事件（二〇〇五年七月）などは、イスラーム過激派を名乗る信憑性の低い犯行声明が出回ったり、アル＝カーイダの幹部らがずっと後になって事件に言及したり、特定の報道機関にアル＝カーイダの活動家から犯行声明が伝えられたりして、イスラーム過激派によるテロ行為とみなすには広報活動がお粗末だった。また、世界各地のイスラーム過激派諸派のなかには、アル＝カーイダの傘下ではなく競合関係にあると思われるもの、アル＝カーイダとの組織間のつながりや関係を忠誠表明のような形で明示しないものも多数あった。

「テロとの戦い」に適応するなかでネットワーク型の組織の運営や活動をするようになったアル＝カーイダにとって、他のイスラーム過激派の構成員と個人的に親しかったり、資源を融通し合ったりすることはありうることだ。しかし、「テロとの戦い」の渦中で発生した様々な事件について、イスラーム過激派（特にアル＝カーイダ）の仕業であるとの予断や憶測が先行し、攻撃実行者の身許や動機・犯行声明の信憑性などの分析に先立ち、万事がアル＝カーイダの陰謀であるかのような印象が当局や報道機関に広がりがちになった。これを背景に、イスラーム過激派諸派の相互関係についての分析や証拠の提示を省略する用語として、アル＝カーイダ〝系〟なる不思議な分類が常用されるようになった。イスラーム過激派諸派、特に諸派間の相互関係について考える際は、このアル＝カーイダ〝系〟（後年は「イスラーム国」〝系〟）と呼称して安易にひとくくりにする発想の弊害に留意して分析を進めたい。

「テロとの戦い」とターリバーン

アフガニスタンは一九八八九年のソ連軍の撤退、一九九二年のナジーブッラー政権の打倒を経ても、ムジャーヒディーンと呼ばれた反ソ連武装勢力諸派の抗争で混乱していた。ターリバーンはそうした混乱の渦中の一九九四年頃に結成され、たちどころに勢力を伸ばすと一九九六年に首都カブールを制圧した。同じ時期、それまでの滞在地のスーダンを追われたビン・ラーディンが再びアフガニスタンを滞在地としたが、その際ビン・ラーディンはターリバーンの庇護下に入ったとされている。つまり、アル＝カーイダは形の上ではターリバーンに従う立場にあり、「テロとの戦い」のなかでビン・ラーディンに忠誠を誓った各地のアル＝カーイダ諸派は、同人を介してターリバーンに従うという忠誠・被忠誠の二重構造に組み込まれたということだ。アル＝カーイダとターリバーンとの関係はビン・ラーディンの殺害(二〇一一年五月)後も継続し、ビン・ラーディンの後継のアル＝カーイダ指導者となったザワーヒリーは、アル＝カーイダ総司令部による指導者選任決定の発表(同六月一六日)に先立ち、当時のターリバーンの指導者のムハンマド・ウマルにあらためて忠誠を表明した(同六月八日)。

ターリバーンは、九・一一事件を首謀したとされるビン・ラーディンらを庇護したため、「テロとの戦い」の最初の攻撃対象となった。アメリカ軍などが短期間のうちにターリバーン政権を打倒してアフガニスタンを制圧したことから、ターリバーンは壊滅したかのような印象がもたれたが、二〇〇九年までにはアフガニスタンの三分の二に同派の影響が及んでいると指摘されるまでに復活した。[14] また、二〇〇九年の時点でアフガニスタンでの「対テロ戦争」は隣国のパキスタンにも「飛び火」[15]し、パキスタン国内でターリバーンを名乗る複数の運動が活動するようになった。この間、ターリバーンはアフガン戦争に参加した諸国、アフガニスタンに部隊を駐留させた諸国、欧米の援助団体に対して襲撃・誘拐・殺害事件を多数引き起こした。

代表的な事件としては、ドイツ人二人の誘拐殺害と韓国人二三人の誘拐（うち二人殺害、いずれも二〇〇七年七月）、援助団体の外国人二人殺害（二〇〇八年七月）、カブールでの外国人殺害（二〇〇八年一〇月）、フランス人記者の誘拐（二〇一〇年二月にターリバーンが動画を発表）などがある。事件に際しては、アフガニスタンに駐留する部隊の撤退を要求することもあれば、援助団体などの活動をキリスト教の布教活動と決めつけて排撃することもあった。これらも含む軍事・政治活動について、ターリバーンは盛んに広報活動を行った。同派は、パシュトゥー語、英語、アラビア語を含む複数の言語でホームページを運営し、二〇〇六年からはアラビア語の月刊誌『スムード』を発行し続けている。

「テロとの戦い」と東南アジアのイスラーム過激派

東南アジア諸国でも、イスラーム国家の樹立を目指し武装闘争を行う諸派が活動していた。インドネシアでは一九四九年に終結した独立戦争後に地方反乱を起こした運動の流れを汲む諸派が、アフガニスタンに人員を派遣してアル＝カーイダの者から訓練を受けるなどの活動をしていた。彼らの活動は九・一一事件の約一年後のバリ島爆破事件（二〇〇二年一〇月）によって顕在化し、その後も在インドネシア・オーストラリア大使館爆破（二〇〇四年九月）など、欧米権益や外国人観光客に対する攻撃を繰り返した。インドネシアのイスラーム過激派の団体としては、ジャマーア・イスラミアが著名である。一九九〇年代、同派の者たちはフィリピンでも軍事訓練を行っていた。[16]

フィリピンにおいても、同国内の宗教集団としては少数派のムスリムによる権利要求運動として政治運動や武装闘争が行われてきたが、アル＝カーイダの下で軍事訓練や戦闘経験を積んだ者たちが結成したアブ・サヤフがイスラーム国家の樹立を目指す武装闘争を行った。フィリピンにアル＝カーイダとつながるイスラーム過激派が浸透した要因としては、アル＝カーイダを通じた軍事訓練やネットワークの構築以上に、フィリピンにおける紛争の長期化に伴う、地域社会の荒廃・国家機能の低下・経済の停滞などが挙げられている。▼17

「テロとの戦い」と中国のイスラーム過激派

中華人民共和国（以下中国）も、イスラーム過激派の活動と無縁ではない。同国西部の新疆ウイグル地区（イスラーム過激派の地理認識においては「東トルキスタン」）は、遅くとも一九九〇年代にはイスラーム過激派やアル＝カーイダの軍事訓練を受ける人員を輩出していた。例えば、アフガン戦争の結果、同地では多数の「敵の戦闘員」が捕らえられてアメリカ軍のグアンタナモ基地（キューバ）の収監施設に送られた。筆者が参照した収監者名簿では、最初の名簿では五五八人中二二人、二点目の名簿でも七五九人中二二人が中国籍として記録されている。つまり、二一世紀初頭の段階でアフガニスタンに拠点を置いていたイスラーム過激派諸派（アル＝カーイダなど）には、相当数の中国籍の者がおり、ウイグル人もそのなかに含まれていたと考えられる。▼18

また、遅くとも二〇〇九年にはイスラーム過激派の広報活動の場だったアラビア語の掲示板サイトに、トルキスタン・イスラーム党名義での声明・映像が投稿されるようになり、そのなかには二〇〇九年の中国における戦果発表や、『イスラーム的トルキスタン』と題する機関誌も含まれる。トルキスタン・イスラーム党の活動で注目すべき点は、二〇〇九年七月末、同時期に発生した新疆での暴動に反応し、世界のイスラーム諸組織に支援を呼びかけたことである。そのなかでは、抵抗を継続するための扇動をするだけでもいいとしつつも、内外で大使館・領事館・人が集まる施設などの中国権益を襲撃したり、ウイグルで収監されている同胞と交換するために中国人を誘拐したりするよう呼びかけた。

アル＝カーイダは、新疆での暴動やトルキスタン・イスラーム党の扇動を受ける形で、幹部のアブー・ヤフヤー・リービーの演説動画を発表した（二〇〇九年一〇月）。リービーは、現地のムスリムに武器をとるよう呼びかけるとともに、世界のムスリムに対し、東トルキスタンの民の側に立ち、第一歩として現地の情勢を世に知らしめるための集中的・継続的な広報キャンペーンを実施するよう呼びかけた。この演説は、東トルキスタンを侵略しているのは「偶像崇拝者である仏教徒、無神論者である共産主義者」であるとの認識を示す、仏教徒の多い日本人にとってもないがしろにできない一節を含んでいた。トルキスタン・イスラーム党やアル＝カーイダによるこれらの扇動が、世界のイスラーム過激派からどのような反響を得たのかは、イスラーム過激派による攻撃対象の選択を分析した本章最終節で分析する。

「テロとの戦い」とアンサール・イスラーム団

イラクは、アフガニスタンと並んで「テロとの戦い」の主戦場となった。アメリカは、当時のイラクのフセイン政権がアル＝カーイダを支援しており、イラクが密かにに開発・保有している大量破壊兵器やその技術がアル＝カーイダに流出してアメリカなどへの攻撃に使用されると主張し、様々な諜報情報を基にイラクの大量破壊兵器や同国とアル＝カーイダとの関係を論証しようと試みた。しかし、イラク戦争を経てアメリカ軍がイラクを占領した後、そのいずれについても確たる証拠は得られず、それどころかアメリカによるイラク占領経営のまずさもあり、アメリカに対する武装抵抗運動が激化していった。

そうしたなかで、イラクの地元のイスラーム過激派諸派が活発化した。イラクの治安情勢に関し、インターネットや報道機関を通じた犯行声明の発信や襲撃・誘拐事件への関与の主張が一度でも確認できる団体の数は、数百に上る。そのなかには、日本人三人の誘拐事件（二〇〇四年四月）の際に現れたサラーヤー・ムジャーヒドゥーンのように、ある事件に関して一度きり出現した団体もあれば、二大河の国のアル＝カーイダのように長期間にわたり活発に活動した団体もある。

なかでも現在の「イスラーム国」の前身である二大河の国のアル＝カーイダと同様に活発な、そして凶悪な活動を展開したのは、アンサール・イスラーム団だった。同派は、一九九〇年代にイラク北部のクルド地区出身のムッラー・クレイカル（本名はナジュムッディーン・ファルジュ・アフマド。一九九二年にノルウェーに出国し、同地で難民認定を受けつつ活動した）の指導下に結成された、イラクでも古株のイスラーム過激派組織である。

同派は、ザルカーウィーのイラク潜入を手引きした嫌疑がかけられたため、二〇〇三年のイラク戦争開戦直後にアメリカ軍の攻撃を受けて壊滅したと思われたが、二〇〇四年にはアンサール・スンナ軍との名称で再編し、アメリカとの闘いの場に現れた。その後、同派はアンサール・スンナ団への改称（二〇〇六年五月）を経て、名称をアンサール・イスラーム団に戻した（二〇〇七年一二月）。同派の活動は、外国人を含む攻撃対象の誘拐・殺害と、人目を惹く広報で特徴づけられ、日本人の殺害事件（二〇〇五年五月）も引き起こすなど同派が関与した外国人の誘拐事件では、被害者のほぼ全員が殺害された。二〇二二年現在、アンサール・イスラーム団は活動の場をシリアに移しているのだが、同派の歩みはイスラーム過激派がどのようにして活動場所や攻撃対象を決定するのかという、「テロとの戦い」への適応の過程を知る上で非常に興味深い例である。[19]

「テロとの戦い」とイラクのイスラーム過激派

イラクでは、前述の諸派のほかにも多数の有力団体が現れた。各団体は、名称や綱領にイスラーム主義を標榜することを示す文言を掲げ、それぞれの活動範囲や活動方針・政治的立場などに沿って活動した。二〇〇四年頃〜〇九年頃までのイラクのイスラーム過激派諸派の活動で争点となった問題には、何を攻撃対象とするか、外国人を含む誘拐・人質の殺害を戦術として採用するか、選挙や国民投票をはじめとするイラクの政治過程にどのような立場をとるか、かつての与党であるバアス党との関係などがある。[20] 有力団体のなかには、月間で一〇〇件以上の戦果発表・政治声明を発表した団体も多く、主な団体としてはイラクのイスラーム軍、ムジャーヒドゥーン軍、一九二〇年革命部隊、イラク抵抗のためのイスラーム戦線（ジャーミウ）、ファーティフーン軍、イスラームの盾部隊、ナクシュバンディー教団のリジャール軍などが挙げられる。諸

画像1　アンサール・スンナ軍はニュース番組風のプロパガンダ動画を発信するなど“先駆的”な広報を行った。

派はイラクの地元起源の団体と考えられているが、一九二〇年革命部隊はイラクに侵入してアメリカ軍などとの武装闘争に参加を希望する者向けに、潜入者を受け入れる団体として紹介されたこともある。[21]

イラク・イスラーム国やアンサール・イスラーム団が他の団体との協調にほとんど関心を示さなかったのに対し、これらの諸派は分裂を経つつも次第に複数の連合に収斂していった。主な連合には、ジハードと改革戦線（一九二〇年革命部隊の一部、イラクのイスラーム軍、ファーティフーン軍、ムジャーヒドゥーン軍など）、ジハードと変革戦線（一九二〇年革命部隊の一部、ラーシドゥーン軍など）、イラク・ハマース（一九二〇年革命部隊から分裂）とジャーミウとの連合などである。イラク・イスラーム国は、これらの団体・連合のほとんどと敵対し、しばしば戦闘に至った。

そのせいもあり、イラクのイスラーム過激派諸派の一部はアメリカ軍やイラク政府の懐柔策に応じ、覚醒評議会（通称：サフワ）としてイラク・イスラーム国の取り締まりにあたる民兵に再編されていった。サフワは二〇〇六年に当時のイラクで最も治安が悪かった地域の一つであるアンバール県で編成され、[22]二〇〇八年四月には約一〇万五〇〇〇人が参加し、その組織数は二〇〇九年三月の時点で約一三〇に達した。[23]なお、イラクでの現地部族を起用したアル＝カーイダ対策を考察したノーマン・シガーは、地域によってはサフワの人員の六割がイスラーム過激派を含むかつての武装勢力の構成員だったと指摘している。[24]治安対策へのサフワの起用やそれに起因するイスラーム過激派諸派の活動停滞を経て、ここで挙げた団体も含む諸派による戦果発表などの発信件数は著しく減少し、諸派の活動に対する政治的・社会的反響も低下していった。

「テロとの戦い」とソマリアのイスラーム過激派

ソマリアでは、内戦を経て一九九一年以来名実ともに中央政府不在の状態が続き、その後のアフリカ諸国や世界各国による国家再建の取り組みも功を奏しているとはいえない。そうしたなか、ソマリア各地に割拠する軍閥・武装勢力のなかにイスラーム過激派と呼ぶべき団体が現れるようになった。

二〇二二年時点のソマリアで最も有力なイスラーム過激派はシャバーブ運動で、同派は一九八〇年代の教宣団体に起源を持つとされている。二〇〇三年までには、この教宣団体によってソマリア域内での軍事訓練キャンプの設置やアフガニスタンへの活動家の派遣が行われるようになり、二〇〇六年には地域の秩序維持などのために各地に設けられたイスラーム法廷と呼ばれる機構の連合体であるイスラーム法廷連合がモガディシュ市やソマリア南部を制圧するに至った。この状況に隣国のエチオピアが軍事介入してイスラーム法廷連合を打倒したのだが、二〇〇七年初頭にイスラーム法廷連合に加わっていた諸派から結成されたのがシャバーブ運動である。シャバーブ運動は、二〇〇八年にはアメリカからテロ組織に指定された。また、同じ時期にアル＝カーイダに加わったとの説もある。

シャバーブ運動は、制圧地域におけるザカート（イスラーム法における喜捨）の徴収や交易の管理を通じて歳入を確保した。[25] さらに、アメリカ出身者の構成員が出演する英語の広報動画を製作して国際的な発信に努めるとともに、制圧地域でのイスラーム法に基づく刑の執行や文化事業についての広報も行った。二〇〇九年七月には「外国機関監督局」を設置して国際機関・援助団体の活動に「許認可」を与えると称し、国際機関・援助団体・企業の活動に対する干渉や脅迫を公然と行った。

ここで留意すべき点は、シャバーブ運動も領域を占拠し、そこでイスラームに基づく統治を行っていると主張していることである。このような活動は「イスラーム国」によるカリフ制復活宣言（二〇一四年）に五年以上先立つ活動であり、イスラーム過激派による領域の占拠や統治、そして国家のような政体樹立そのものは決して新奇なものではないということだ。

シャバーブ運動の広報活動を観察していると、二〇〇九年九月にビン・ラーディンに宛てた動画を発表しているが、この時点でのシャバーブ運動とアル＝カーイダとの関係は、当事者間ではビン・ラーディン、あるいはアル＝カーイダに対する明示的な忠誠表明と位置付けられてはいなかったようだ。シャバーブ運動には、アラビア半島のアル＝カーイダからもバーブ・マンダブ海峡をはさんでソマリアとイエメンが近接することから広報上の連帯表明や共同行動の呼びかけがあったのだが、両派の共同行動はほとんどみられなかった。シャバーブ運動とアル＝カーイダとの関係は、イスラーム過激派、特にアル＝カーイダを取り巻く状況が大きく変化した二〇一一年以降により明確になっていく。

「テロとの戦い」とコーカサス地方のイスラーム過激派

ロシアのコーカサス地方においても、第一次チェチェン紛争（一九九四〜九六年）にアラブの外国人戦闘員が参加するなど、チェチェンの独立を巡るこの地域での紛争とイスラーム過激派との関係が指摘された。ロシアでは、ダゲスタンとモスクワでのアパート爆破事件（一九九九年九月）、モスクワでの劇場襲撃事件（二〇〇二年一〇月）、ベスランでの襲撃事件（二〇〇四年九月）などの著名な事件が発生し、ロシア政府にとっては襲撃を実行したチェチェンの独立派やイスラーム過激派の討伐が「テロとの戦い」となった。また、チェチェンにおいては二〇〇〇年代に民族主義が退潮し、二〇〇七年にチェチェン独立派政権が消滅すると、北コーカサスでイスラーム国家建設を目指すコーカサス首長国が結成された。[26]なお、コーカサス首長国とアル＝カーイダなどの国際的なイスラーム過激派との関係については、コーカサス首長国の結成以前から連携・協力関係があるとの説と精神的連帯以上の関係はないとの説があるが、コーカサス地方の政治を専門とする富樫耕介はコーカサスのイスラーム過激派の闘争の土着性と国際性に鑑み、コーカサス首長国と国際的なイスラーム過激派との間には明確な組織的協力はなく、個人レベルの協力にとどまると述べている。[27]

「テロとの戦い」と南アジアのイスラーム過激派

「テロとの戦い」の開始後に発生しイスラーム過激派の犯行と考えられた襲撃事件の一つに、インドのムンバイ襲撃事件（二〇〇八年一一月）がある。この事件では、駅、高級ホテルのほかユダヤ教の礼拝施設が襲撃され、邦人一人を含む一七一人が殺害された。規模や襲撃対象を見る限り、イスラーム過激派にとって重要な事件のように思われたが、これについての犯行声明は出回らなかった。さらに、アル＝カーイダ諸派をはじめとして、イスラーム過激派諸派によるこの事件についての明示的な言及・賞賛もほとんど見当たらなかった。インド・パキスタンについては、カシミール地方問題などイスラーム過激派が常時言及する話題があるのだが、この事件に対するイスラーム過激派諸派の反応は、イスラームやムスリムに対する侵略や圧迫とみなしうる問題の全てが、世界的なムスリムの連帯やイスラーム過激派による実力行使に確実につながるとはいえないことを示した。イスラーム過激派が攻撃や脅迫・扇動の対象をどのように選択するかについては、本章最終節で検討する。

残された禍根

ここまで検討してきた通り、「テロとの戦い」におけるイスラーム過激派の活動は、イラク戦争などを契機に一時的に活発化したものの、二〇一〇年末までにはアフガニスタンやソマリアなどの一部を除いて衰退・低迷するようになった。この時点では、世界各地のイスラーム過激派諸派の多くは息を引き取ろうとしていた。政治学者のジル・ケペルはこの時期のイスラーム過激派の状況について、九・一一事件を長期間にわたるイスラーム主義運動の衰退を打開するための発作的行動と位置付けた上で、衰退打開の狙いは外れたと論評した。▼28 ただし、ターリバーン、シャバーブ運動のように勢力を伸ばしていた団体については、その活動地域に世界的な報道機関が関心を向けてはおらず、これらの諸派の状況や影響力に適切な観察や評価がなされていたとはいえなかった。この時期にイスラーム過激派への関心が低下したことは、二〇一〇年代の「テロとの戦い」の展開に大きな禍根を残すことになる。

4　アラブの春の功罪

二〇一〇年末までには明らかに衰退していたイスラーム過激派は、その後の一〇年間をどのように活動したのだろうか。状況に大きな影響を与えたできごとは、二〇一〇年末にチュニジアで発生し、その後アラブ諸国に波及した民衆による抗議行動とそれに伴う政治変動である。チュニジア（二〇一〇年末）、エジプト（二〇一一年二月）、リビア（二〇一一年一〇月）、イエメン（二〇一一年一一月）での政変や、シリア、バハレーンでの政府と反体制派との武力衝突に代表される一連のできごとは、アラブの春と呼ばれる。[29]

アラブの春の前向きな可能性

アラブの春が「テロとの戦い」に、そしてイスラーム過激派の活動に強い影響を与えたと思われるのは、それがテロリズムの発生とそれへの支持の多寡との関係が強い市民的自由の増進に貢献し、イスラーム過激派への支持を減退させる可能性があったからだ。

具体的には、イスラーム過激派が武装闘争によってのみ打倒すべきだと考えていたアラブ諸国の政権のいくつかが人民の平和的抗議行動によって打倒されたことにより、イスラーム過激派への支持や関心が著しく低下することが現実の問題となったのである。それまで人民を抑圧してきた体制が打倒され、言論や政治活動、社会活動をより安全かつ効果的に行うことができる政治体制へ移行してそれが定着すれば、人民が政治運動や社会運動に参加する機会費用は低下するのに対し、テロ行為に参加したりそれを支持したりする機会費用は極めて高いままである。すなわち、テロリズムやテロ組織が支持を得やすいのは、それ以外の政治行動の選択肢が著しく制限されている場合だということができる。

アラブの春の結果、いくつかの国では抑圧的な体制から人民が選挙によって政権を選択できる体制への移行がなされたかのように見えた。ほかに安全かつ確実な選択肢があるのなら、多くの者はわざわざ危険を冒してテロリズムを支持したり実践したりはしない。チュニジアやエジプトでは、選挙を通じた政権獲得を目指すイスラーム主義政党が実際に政権与党となった。これに対し、イスラーム過激派にとっては、選挙も民主主義も理屈の上ではアッラーが啓示した法とは異なるやり方で統治を実践する「民主主義教」なる異教に過ぎず、イスラーム過激派が武装闘争を放棄して通常の政治過程に参加することや、平和的抗議行動を全面的に肯定・支持することは、彼らにとっては背教にあたるため論理的に不可能である。アラブの春は、イスラーム主義者のうち政治過程に参加することを肯定する者たちに勢いを与え、政治過程を否定するイスラーム過激派への支持を減退させる可能性を持った現象だった。

アラブの春の否定的可能性

一方で、アラブの春は、その展開によっては民主主義やそれに基づく政治過程、市民的自由・権利の主張に対する失望を招き、暴力と武装闘争こそが変革の唯一の道であると主張するイスラーム過激派が支持を集める結果となる危険性をもはらむ現象でもあった。アラブの春を経験した諸国での事態の推移を見る限り、二〇一〇年代の政治情勢はこちらに近い展開を遂げたとすらいえる。

アラブの春の舞台となった諸国を含むアラブ諸国は、おおむね権威主義体制とみなされる政治体制をとり、人民の政治的な活動や言論の自由を制約してきた。そのため、各国ではイスラーム過激派のような反体制武装闘争を行う者にとどまらず、思想犯・政治犯も多数収監されていたし、政治活動を通じた変革を求める政党や団体も非合法化され、弾圧される場合があった。「革命」によって権威主義体制を打倒したチュニジアにおけるナフダ党、エジプトのムスリム同胞団も、弾圧を受けてきた団体である。政治犯の釈放や弾圧を受けてきた政党・団体の合法化は、アラブの春における抗議行動の重要な要求事項であり、抗議行動への懐柔策として、あるいは体制打倒後の改革措置としてこの要求に応じる措置がとられた。チュニジアではナフダ党が合法化され（二〇一一年三月）、エジプトでもムスリム同胞団を基盤とする自由公正党が結党を承認された（二〇一一年六月）。

政治犯の釈放についても、エジプトでは抗議行動の最中からムバーラク政権打倒後の様々な機会に政治犯が釈放され、そのなかには反体制武装闘争を行ってきたイスラーム過激派の者たちもいた。[30] シリアでも、抗議行動勃発直後の二〇一一年三月には政治犯が釈放されたほか、抗議行動への対処として様々な立法措置がとられた。[31] ただし、各国での政治犯の釈放は、人民の権利や名誉の回復につながった一方で、イスラーム過激派の活性化や治安の悪化という問題も引き起こした。チュニジア国内や周辺諸国で発生した様々な襲撃事件や、チュニジアからのイスラーム過激派戦闘員の送り出しには、アラブの春後の恩赦によるイスラーム過激派の活性化が関連している。[32]

アラブの春とイスラーム過激派の再活性化

アラブの春後の情勢の展開がイスラーム過激派にとって有利に作用した理由は、政治犯の釈放やイスラーム主義組織の合法化・活発化にとどまらない。アラブの春を経験した諸国の多くが、体制打倒後に政治的混乱や人民の生活水準の低下を経験したのである。

チュニジアは、アラブの春の後に憲法改正とそれに基づく選挙を実施し、民主化に成功したと評される。その一方で、二〇一七年の時点でも失業率が一五・三パーセント、特に高学歴者の失業率が三〇パーセントに達するなど、経済状況は改善しなかった。[33]

エジプトでは、二〇一一〜一二年に人民議会、シューラー議会、大統領の選挙が行われ、ムスリム同胞団を母体とする自由公正党と、イスラーム主義政党のヌール党が多数派となった。大統領選挙では、ムスリム同胞団出身のムハンマド・ムルスィーが当選した。二〇一三年には新憲法の下でムスリム同胞団がNGOとして正式に認可され、同胞団は政権も、合法的地位も獲得した。しかし、ムルスィー政権は独善的な政権運営に陥るとともに、国民の生活を改善させる経済政策をとることもできなかった。その結果、エジプト国内で反発が高まり、ムスリム同胞団・ムルスィー政権に対する抗議行動が発生するに至った。この抗議行動は、二〇一三年七月三日の軍によるクーデタ、ムルスィー大統領解任、憲法の停止につながり、一二月にはムスリム同胞団が非合法化されるまでになった。[34] 二〇一四年六月には軍人出身でクーデタの時点で国防相だったアブドゥルファッターフ・スィースィーが大統領に就任した。スィースィー政権はムスリム同胞団をはじめとする反体制派への抑圧や言論統制を強化し、権威主義的な性格を強めていった。

イエメンにおいても、二〇一一年にアリー・アブドゥッラー・サーリフ大統領が抗議行動と政権幹部らの離反に押されて辞任に同意し、二〇一二年にアブドラッブ・ハーディーが大統領に就任した。しかし、その後のイエメン国内での各種政治勢力間の利害調整に失敗して紛争が激化し、二〇一五年にはサウディアラビアが率いる連合軍も介入する国際的な紛争へと発展した。リビアにおいても、ムアンマル・カッザーフィー政権の打倒後に安定した政府を樹立することができず、各地にイスラーム過激派を含む武装勢力が割拠する状況に陥った。

以上のように、アラブの春の抗議行動によって権威主義体制の打倒に成功したとしても、その後の政治・経済・社会が混乱に陥った場合が多い。アラブの春の成功例とみなされるチュニジアですら、「イスラーム国」の外国人戦闘員の最大規模の送り出し国となっており、[35]アラブの春後の同国の政治体制が一応安定していたとしても、それはイスラーム過激派の人員をイラクやシリアに送り出すことで、彼らがもたらしうる弊害を外部へ転嫁した結果に過ぎないともいえる。

抗議行動が政権交代につながらなかった諸国も、混乱を免れなかった。シリアでは、抗議行動が政府と反体制派との武力衝突に発展し、反体制派はイスラーム過激派を主力とするようになっていった（次節を参照）。イラクでも、アラブの春を契機に改革を要求するデモが広がり、統治が弛緩していった。[36]「イスラーム国」がモスル市を占拠した（二〇一四年六月）のは、デモの広がりと統治の弛緩と同時期のことである。

民主化と民主制の定着という問題

アラブの春を経験した諸国での混乱や紛争、そしてそれに伴う「イスラーム国」をはじめとするイスラーム過激派の再興は、民主化（権威主義体制の打倒）と、民主制の定着や適切な運営とが別問題であることに留意すれば理解しやすいだろう。アラブの春は独裁的指導者の打倒という形で政治改革が進んだものとして「権威主義体制の崩壊」と評価できたかもしれないが、アラブの春を経験した諸国の全てが民主的な体制に転換・移行したわけではない。[37]独裁政権を打倒し、独裁者とその仲間たちを懲罰しさえすればそれだけで自由・公正・尊厳や経済的発展が実現できるとの見通しは楽観的に過ぎ、民主的な政治や制度を定着させる努力や政治・経済を円滑に運営する努力を怠れば、権威主義への回帰やテロリズムを支持する者が増加することもありうるのだ。また、独裁政権を打倒した後に、より良い政権が樹立されてそれが永続するという保証はどこにもなく、さらに悪い政権ができあがったり、政権が機能せずに破綻国家・失敗国家状態に陥ってしまったりする恐れも当然あった。[38] アラブの春を経験した諸国で民主的な政治やそれに基づく人民の生活水準の向上が達成されていないことは、二〇一〇年代のイスラーム過激派の再興の促進要因といえる。

アメリカの中途半端な対応

「テロとの戦い」を主導し、それに伴いアラブ諸国に民主化や改革を促す立場にあるはずのアメリカのアラブの春への対応もちぐはぐなものだった。アラブの春とそれに伴う政治変動が発生・激化した時点でのアメリカは、オバマ大統領の政権下だった。

オバマ政権は、アメリカの軍事力を過信するとともに、アル＝カーイダとの関係や大量破壊兵器の開発について薄弱な根拠・誤った情報を基にイラクを占領したことによってイスラーム過激派の活性化を招いたブッシュ政権の戦略からの変化を訴えた。その結果、オバマ政権の中東政策は、政治的・軍事的に深く関与することを回避する現状維持志向となった。ところが、この現状維持志向は、アラブの春の発生と広がりにあたりオバマ政権の深刻なジレンマとなった。すなわち、アメリカが現状維持を志向したアラブ諸国のうちのいくつかの体制は、独裁政権として人民の抗議にさらされたのである。

例えば、オバマ大統領は中東における同盟国として二〇〇九年にエジプトを訪問していたが、このエジプトのムバーラク政権こそが二〇一一年一～二月の抗議行動によって非難され、打倒された独裁政権だった。前述の通り、エジプトではアラブの春の後に政治参加を通じた政権獲得を目指したムスリム同胞団が政権運営に失敗し、政権から追われて弾圧されるようになった。オバマ政権は、この動きに対して能動的に対応することができなかった。また、政府とイスラーム過激派を主力とする反体制派との軍事衝突が激化したシリアにおいても、二〇一三年八～九月にかけて政府軍による化学兵器の使用の疑いが国際問題化したが、オバマ政権は軍事介入を回避し、その結果シリアでの紛争はいずれの当事者も短期間のうちに決定的な勝利を得る見通しが立たない状況に陥り、イスラーム過激派の「安全地帯」と化した。

アラブの春後の混乱の原因の全てがアメリカにあるわけではない。しかし、オバマ政権期のアメリカは、同国が唱道し、アラブの春でも訴えられた自由、人権などの理念が脅かされても有効な対応をとることができなかった。[39]

5　テロと戦っているはずの諸国によるテロ支援

アラブの春の結果、民主主義への失望や経済状況への不満が広がりテロリズムへの支持が増す状況が醸成されたが、シリアでの紛争とそれへの諸当事者の関与は、「テロとの戦い」を破綻させたともいえるような影響を及ぼした。具体的には、イスラーム過激派をはじめとするテロリスト・テロ組織の活動を抑え、諸派の資源調達を阻むはずの諸国が、シリア紛争に関してはイスラーム過激派の活動や資源調達を黙認・放任するだけでなく、奨励・支援すらしてしまったのである。

国際的なテロ活動の取り締まりや規制は、「テロとの戦い」を待つまでもなく重要な課題である。テロ組織への資金提供や資金調達への協力を抑えるためのテロ資金供与防止条約（一九九九年）や、ターリバーン幹部らを国際テロリストとして彼らの財産の凍結を定めた国際連合安全保障理事会（安保理）決議一二六七号（一九九九年）など、関連の国際条約やそれに基づく各国の法整備は、「テロとの戦い」以前から進められていた。九・一一事件と「テロとの戦い」はこうした動きを促進するもので、安保理決議一三七三号（二〇〇一年）で安保理にテロ対策委員会が設置されるなど、今日に至るまで監視と規制は更新・強化されている。アメリカやEUも独自にテロリスト・テロ支援者を指定し、独自の制裁を科している。もちろん、各国や国際機関によるテロリスト・テロ組織・テロ支援者（国）指定は、各々の都合や認識に基づく恣意的な指定であることは否定できないが、資金をはじめとする資源の供給を抑えることは警察力・軍事力の行使と同等以上のテロ対策と考えられているのである。

イスラーム過激派を蘇生させたシリア紛争

ところがシリア紛争では、国連などでテロリスト・テロ組織に指定されている主体でも、それがシリアにおいて反体制武装闘争に参加していれば活動や資源の調達が黙認・放任され、反体制武装闘争に寄せられた資金や兵器がイスラーム過激派に流出するままにされた。

シリア紛争は、①体制内改革を求める市民の運動、②体制転換を目指す活動家らによる運動、③政治エリート間の権力闘争としての紛争の「シリア化」、④武装集団が体制転換を主導する紛争の「軍事化」、⑤諸外国の介入による紛争の「国際紛争化」、⑥新たな紛争当事者としてイスラーム過激派とクルド民族主義勢力が台頭、という六つの局面を経て展開し、一般市民による「革命」だったはずの運動が彼らとの結びつきを欠く反体制派や武装集団（そしてイスラーム過激派）によって「ハイジャック」されていった[40]。そうしたなか、イスラーム過激派の武装勢力は、遅くとも二〇一二年初頭にはシリア紛争の当事者として姿を現した。

その代表がヌスラ戦線である。ヌスラ戦線は、当初から組織の綱領やそれに類する声明類を発表しなかったため、同派がアル＝カーイダのようなイスラーム統治の実現や十字軍の侵略の排除といった政治目標を持っているのか否かが判然としなかった。アル＝カーイダも、二〇一二年二月にザワーヒリーがシリアでのジハード支援を呼びかけたが、ヌスラ戦線を含む特定のイスラーム過激派の団体名に言及せず、シリアで活動するイスラーム過激派諸派とアル＝カーイダとの関係を明示しなかった。それでも、アメリカ政府は二〇一二年一二月にヌスラ戦線をイラク・イスラーム国と同一の構成員からなる団体とみなし、テロ組織に指定した[41]。

アメリカがヌスラ戦線をテロ組織に指定したことが示すように、欧米諸国はシリアでの反体制武装闘争にイスラーム過激派（＝悪い武装勢力）が混入していることを疑っており、自由と民主主義を実現する「革命」のために決起した反体制派（＝良い武装勢力）への軍事援助をもためらった。そのため、各国はその後数年間にわたり、良い武装勢力を選び出してシリアにおける提携相手として育成するという努力を続けた。だが現実問題として、欧米諸国から見て良い武装勢力はシリア紛争には存在せず、それは不毛な努力だった。最大の問題は、それにもかかわらず欧米諸国はシリアの反体制武装勢力への支援を漫然と続け、シリアで活動する悪い武装勢力としてのイスラーム過激派への資源の流入を止めるために有効な措置をとらなかったことだ。イスラーム過激派諸派は、規律や統制を欠く反体制派に代わってシリアの反体制武装勢力の主力となっていった。しかし紛争初期においては、紛争を善良な反体制派と悪の独裁政権との抗争とみなす情勢認識の下、イスラーム過激派とそれに加わる非シリア人戦闘員は大きな問題とみなされなかった。また、アラビア半島諸国やトルコにおいては、著名人・団体がイスラーム主義を標榜する武装勢力のための資金・人員を公然と募り、何の障害もなくシリアに提供した。イスラーム過激派もこうした資金・人員の受け皿となったし、シリアの反体制武装勢力諸派も、欧米諸国からよりも容易に支援が得られるとの理由で、イスラーム主義やイスラーム過激派に迎合していった。[42] こうして、各国の政府・団体・個人によるシリアの反体制派支援は、イスラーム過激派の絶好の資源調達経路となっていった。

資源の調達経路の確保や領域の占拠という点でシリアでの成功に自信を深めたイラク・イスラーム国は、二〇一三年四月にヌスラ戦線は自派の一部に過ぎず、今後はイラク・イスラーム国に統合してイラクとシャームのイスラーム国との名称で活動すると宣言した。これに対し、ヌスラ戦線の一部はこの統合発表について事前に相談を受けていないと反発し、独自にアル＝カーイダ指導者のザワーヒリーに忠誠を表明した。ここに、シリアの反体制武装勢力のなかで最有力だった団体が、アル＝カーイダに連なるイスラーム過激派だったことが白日の下にさらされた。アル＝カーイダとその系列団体がシリアでどのように活動するかという方針を巡る対立は、後述するように「イスラーム国」とアル＝カーイダとの決裂と抗争へと発展する。

欧米諸国には、イスラーム主義的な政治目標を掲げていても、アル＝カーイダとは関係がない団体を

「地元の、穏健な」武装勢力とみなし、国際的な支援の受け皿として期待する考えもあった。その代表がシャーム自由人運動である。しかし、こちらも紛争の初期段階からイスラーム過激派の非シリア人戦闘員の受け皿として機能していた。また、同派については二〇一四年二月に幹部のアブー・ハーリド・スーリーが暗殺されたのだが、翌月にザワーヒリーが同人を古参のアル＝カーイダ活動家として称える弔辞を発表した。弔辞は、ザワーヒリーとスーリーとの交流はスーリーの収監などを理由に長期間途絶えていたが、シリア紛争を契機にスーリーが脱獄して連携が再開したと述べており、シャーム自由人運動が「地元の、穏健な」武装勢力たりえないことを証明する内容だった。シリア紛争に対する各国の立場や政策は、イスラーム過激派によって資源調達に利用され、「テロとの戦い」は彼らへの資源供給を断つという面で破綻をきたした。

欧米諸国のシリア紛争介入後も続くイスラーム過激派の増長

テロと戦っているはずの諸国が実はイスラーム過激派を支援していたという現象は、「イスラーム国」が増長を極め、アメリカをはじめとする諸国がシリアやイラクで同派に対する空爆などを行うようになった後も絶えることがなかった。シリア、イラクにおいては、両国の政府軍が貯蔵していた大量の装備や弾薬をイスラーム過激派が奪取し、それを用いて活動しているかのように思われるかもしれない。確かに、「イスラーム国」などが発信する画像や動画では、カラシニコフやRPGシリーズ、果ては戦車・装甲車に至るまで、旧ソ連起源の兵器が映し出されており、このような印象を裏付けている。

ところが、ヨーロッパの調査機関が発表した報告書▼43は、意外な事実を明らかにした。この報告書は、全体が公開される前に一部が報道機関を通じて紹介されたが、二〇一六年頃までの三年間にわたり主にイラクでの戦闘で「イスラーム国」が使用した銃や弾丸の薬莢を収集し、その製造番号から製造地、売却先を突き止めるという調査に基づいている。それによると、二〇一五年末頃までは、「イスラーム国」が使用していた武器・弾薬は主にイラクやシリアの治安部隊から略奪したものだったが、二〇一五年末以降、東ヨーロッパ諸国で生産されたものが目立つようになった。しかも、それらの武器・弾薬類は、製造・出荷の段階では至極正当かつ合法的にアメリカやサウディアラビアに売却されたものの、一部の兵器は製造からわずか二カ月で「イスラーム国」によって使用されていた。これは、問題の武器・弾薬類が何かのミスや「イスラーム国」が偶発的に獲得した戦利品としてイラクに流れているのではないことを示唆している。[44]

その上、武器・弾薬の本来の納品先は、アフガニスタン、アメリカの軍・国防省・企業、サウディアラビア、カタル、南アフリカ、旧ユーゴスラビア諸国、モーリタニアなど様々で、「イスラーム国」による武器調達活動が様々な武器流通経路に浸透していることが示されている。興味深い点は、上記の報告書の基となった調査の実施期間中、「イスラーム国」は常に新たに生産された弾薬の供給を受け続けていた点である。この事実は、「イスラーム国」対策上の一貫性の欠如、そして「テロとの戦い」を破綻させる深刻な矛盾を明らかにした。「イスラーム国」に流れた武器・弾薬を購入した主体と、「イスラーム国」対策の連合軍に加わった主体はほぼ同一なのである。アメリカ、サウディアラビアなどが購入してシリアに送ったはずの武器・弾薬が、イラクにおいてはこの両国も参加する連合軍やその提携勢力との戦闘に使われていた。つまり、アメリカなどは「イスラーム国」を攻撃すると同時に、「イスラーム国」が使用する武器を供給していたのである。[45]

イスラーム主義者の行動様式

シリア紛争とテロ支援の放任という問題は、「テロとの戦い」に加わった諸国の問題だけでなく、「テロとの戦い」の対象となったイスラーム過激派や、イスラーム過激派による勧誘・資源調達の対象となった人々の問題としても検討しなくてはならない。イスラーム主義者の間でも、現実の政治や社会との関与のあり方や、イスラームに基づく統治という政治目標を実現するための手段については様々な考え方がある。また、イスラーム主義の誕生と発展の過程には、外からの侵略に対する防衛と、内なる停滞・逸脱の改革・綱紀粛正という問題意識があるが、時代状況によってそのいずれが各々の活動家や社会の関心事として優先されるかは異なる。特に現代においては、内憂の解消を重視して為政者や一般のムスリムに対する教宣に徹するのか、選挙などの政治過程に参加するのか、政党を結成するのか、外患への対策を重視して異教徒や背教者に対する武装闘争を行うのか、が主な争点となろう。

参考までに、アメリカの軍事の専門家であるケーガンらが戦争研究所（ISW）から発表した報告書[46]を基に、イスラーム主義者の様々な立場を整理してみよう。同報告書は、本書が用いるイスラーム主義という用語に極めて近い意味で「サラフィー主義」という用語を用いている。それによると、「サラフィー主義者」は、通常は政治活動や武装闘争という手段を採用せず主に著述や言論の分野で活動する「静寂主義サラフィー主義者」、武装闘争を放棄し政治過程に参加することを通じて目標を達成しようとする「政治的サラフィー主義者」、そして武装闘争を主な行動様式とする「サラフィー・ジハード主義者」に分けられる。ムスリム同胞団は「政治的サラフィー主義者」の例として、「イスラーム国」やアル＝カーイダは「サラフィー・ジハード主義者」の例として挙げられている。もっとも、この報告書の分析によると、いずれの傾向に属していても周囲の環境によっては武装闘争に積極的に参加することがありえ、とりわけ「政治的サラフィー主義者」と「サラフィー・ジハード主義者」との思想・信条上の相違は小さいとみなされている。以上のような見解に従えば、イスラーム主義者のなかでも中道・穏健とみなされるものと、イスラーム過激派との間の差異は、思想・信条上のものというよりは政治権力を奪取するための戦術上の差異に過ぎないことになる。そのように考える場合、イスラーム過激派は、しばしば既存の政治体制に参加するムスリム同胞団やその流れを汲む団体を激しく非難するが、そうした非難もムスリム同胞団の支持者を離反させ、自らの側に動員しようとする戦術的な行動ということになろう。[47] つまり、イスラーム主義者やイスラーム過激派は、周囲の状況や機会に応じてどのように行動するかを選択しており、シリア紛争の場合は、「テロとの戦い」に参加する諸国の恣意や政策上の矛盾を利用して、政治的な成果を得られる可能性が高いシリアでの武装闘争への参加を選んだのである。

シリア紛争がもたらしたもの

シリア紛争の結果、最も顕著な現象として現れたのは、「イスラーム国」の復活と増長である。「イスラーム国」は、二〇一三年にイラクとシャームのイスラーム国と改称してシリア領での公然活動を開始すると、反体制武装勢力諸派やイスラーム過激派諸派を圧倒して広域を占拠した。それだけでなく、同派はシリア紛争を通じて獲得した装備や人員をイラクでの戦闘に投入し、二〇一四年六月にはイラク北部の大都市であるモスルを占拠するとともに、首領のアブー・バクル・バグダーディーを「カリフ」としてカリフ制の復活を発表し、イスラームが統《す》べる国家としての「イスラーム国」を僭称したのである。

これに対し、アメリカを中心とする連合国がイラクやシリアにおいて「イスラーム国」に対する空爆などの軍事作戦を開始したのは二〇一四年八月だった。この作戦には、欧米諸国に加えてサウディアラビア、UAE、バハレーン、ヨルダンなどのアラブ諸国も参加し、「テロとの戦い」として広汎な連合が形成されたかに見えた。ただし、前述の通りアメリカがシリアにおける「イスラーム国」のフロント団体だったヌスラ戦線をテロ組織に指定したのは二〇一二年一二月で、イラクにおいても「イスラーム国」の占拠地域拡大を予防するための措置をとる時間はあったはずだ。ここで注目すべき点は、アメリカの側には中東への直接的な軍事介入を避けたいという考えだけでなく、シリア紛争でイスラーム過激派を黙認・放任する論理があったということだ。

シリアでの戦闘は、二〇一二年の段階でシリア政府とイスラーム過激派を主力とする反体制派が交戦する構図となり、ここにレバノンのヒズブッラー、革命防衛隊やイラクなどで徴募した民兵を派遣したイラン、そして二〇一五年夏以降はロシアがシリア政府を援助するだけでなく戦闘に加勢した。これをアメリカの立場で見ると、イスラーム過激派も、シリア政府も、同政府に与する諸勢力も、いずれもアメリカに敵対的な勢力である。そこでアメリカの政界の一部で唱えられたのが、シリアを舞台にイスラーム過激派と、シリア政府とその同盟者が交戦することを放置すれば、アメリカの敵対勢力を消耗・弱体化させることができるとの考えだった。この考えを提唱した者たちは、これを「燃えるがままにせよ」戦略と称した。この戦略に基づけば、シリア紛争においていずれかの当事者が決定的な勝利を収めることも、紛争が沈静化することも望ましくないということになる。[48] つまり、二〇一四年夏以降にアメリカなどが「イスラーム国」への軍事攻撃に乗り出したことは、一方で自ら黙認・放任したイスラーム過激派をもう一方で討伐するという、著しく費用対効果の悪い行動ともいえた。

イラク情勢と「イスラーム国」

イラクにおいて「イスラーム国」が急速に占拠地域を拡大したことについては、「テロとの戦い」の破綻とは別の観点からの説明もなされる。例えば、同派が占拠したモスル市とその一帯では一九九〇年代に当時のフセイン政権によりイスラーム化政策が進められており、イスラーム過激派を受容しやすい社会的環境が醸成されていたとの議論である。また、二〇一四年の時点のイラクでは、当時のヌーリー・マーリキー政権による（シーア派偏重の）宗派主義的政策への反発があり、これが「イスラーム国」への支持につながったとの見解もある。フセイン政権時代の与党で、アメリカの占領当局によって解体・非合法化された旧バアス党勢力が、「イスラーム国」と結託して権力奪取の闘争を挑んだことも指摘されている。ここでは旧バアス党勢力が擁した武装勢力であるナクシュバンディー教団のリジャール軍が「イスラーム国」と連携したと考えられている。

確かに、バアス党やナクシュバンディー教団のリジャール軍は、現在のイラク政府をアメリカ・シオニズム・イランの同盟によるイラク侵略の傀儡とみなし、イラク政府に加えて外国企業をも脅迫したり、軍事作戦についての声明や動画を活発に発信したりしていた。しかし、「イスラーム国」との関係においては、バアス党もナクシュバンディー教団のリジャール軍も、「イスラーム国」への支持や、同派との連携を表明したことはない。

また、モスルを占拠した「イスラーム国」の構成員は、外国人を含むものの、モスルの住民をより抑圧・虐待したのはモスル市郊外の村落出身者であり、彼らは外国人の構成員と比べて敬虔ではなく、都市の住民を恨んで嫌がらせをしているとの証言も上がっている。この点については、「イスラーム国」の振る舞いを宗教的動機やイラクの政情だけでなく、田舎と都会との関係の観点から、人類学や社会学の知見に基づいて調査する必要性が指摘されている。▼49

「国家」と単なる運動――「イスラーム国」の論理

「イスラーム国」は、世界中のイスラーム過激派を単なる運動や団体として見下し、それらは全てカリフを擁する国家である自派に忠誠を誓って合流すべきだと主張した。世界各地のイスラーム過激派のなかには、「イスラーム国」のカリフに忠誠を表明して同派の「州」や支部へと名称を変更して活動するもの現れたし、イスラーム過激派の声明などを拡散する役割を担ってきた有力掲示板サイトが「イスラーム国」支持を表明して、アル＝カーイダを含む「イスラーム国」と競合する諸派の声明類を一切掲載しなくなるような事態も生じた。

そのような広報の結果、二〇一六年七月に「イスラーム国」が発表した「カリフ国の構造」と題する動画では、三五の「州」が列挙された。その後、「州」の数は一部が広報を含め活動をしなくなったり、統合・分割を伴う再編成があったりして増減し、二〇二二年三月に三代目の自称カリフであるアブー・ハサン・ハーシミー・クラシーの就任が発表された時点で、構成員が同人に忠誠を誓う動画を発表した

「州」は一二程度である。

また、パレスチナやEU諸国など「イスラーム国」が日常的に公然活動を行っていない場所で襲撃事件などが発生し、同派がそれを自らの戦果と主張する場合は、「州」を名乗らずに声明などを発表するため、「イスラーム国」を名乗る活動があった地域は多数で、広範囲に及んだ。さらに、SNSなどを通じて「イスラーム国」の広報機関に忠誠の表明や作戦実行場面の動画や画像を届けることができた者が起こした襲撃事件などは、たとえ実行者と「イスラーム国」との間に人的交流や作戦支援などの関与がない場合でも、動画・画像を根拠に「イスラーム国」の戦果として取り込むことができた。SNS上の情報のやり取りを通じて世界各地のムスリムの非行や凶悪事件を自派の戦果として取り込む「イスラーム国」の手法は、携帯端末やSNSの普及という社会変化に適応したものだった。

世界各地に「州」や支部、果ては共鳴者・模倣者が出現するという「イスラーム国」の拡散が進むのと並んで、「イスラーム国」は世界中のイスラーム過激派やその支持者の資源を自派に集中させようとした。具体的には、イラクやシリアにおける占拠地域を、イスラーム統治が実践され社会・経済的にも恵まれた生活を送ることができる理想の地として宣伝し、そこへの移住（ヒジュラ）を促すことによって一〇〇カ国以上から四万人ともいわれる人員をイラク・シリアに密航させた。

「イスラーム国」と外国人の潜入問題

外国人がイスラーム過激派に合流するために越境移動する問題は、「イスラーム国」の勢力拡大以前から重視されていた。例えば、イラク・イスラーム国をはじめとするイスラーム過激派諸派によるアメリカ軍などへの武装闘争が活発化した二〇〇六年頃においても、イラクに潜入してイスラーム過激派諸派に合流する外国人戦闘員の活動が問題となった。この時期の潜入の特徴は、潜入する主体はあくまで戦闘員、つまり若年の男性だったことと、彼らの出身地は主にアラブ諸国だったことだ。

彼ら（潜入者）は、出身地で選抜・教化を経て事前に旅程と受け入れ先の団体（受け入れ者）を決定した上でイラクへ向かった。彼らを選抜・教化する者（勧誘者）と旅程を支援する者（案内者）が、潜入の過程に関与するアクターだった。受け入れ者であるイスラーム過激派にとっては、敵方のスパイの浸透や組織が求める資質を持たない者の合流は避けるべきだったので、潜入の過程では個々のアクター間の直接的な人間関係や信頼関係が成否を左右した。▼50

これに対し、「イスラーム国」がイラク・シリアで勢力を拡大した二〇一二〜一七年頃の外国人の潜入では、従来の潜入のあり方に加えて、新たな潜入が目立つようになった。「イスラーム国」を含む諸派は、シリアでのジハードの必要性を訴えるだけでなく、給与や福利厚生、ひいては結婚の機会の提供に至る様々な便宜供与で潜入者を募ろうとした。また、新たな潜入の特徴はそれだけではなく、アラブ諸国以外にも旧ソ連諸国やEU諸国からの潜入者も相当数にのぼったこと、若年の男性のみならず女性・子供・高齢者が多数潜入したこと、直接の人的接触によらずに、SNSをはじめとするインターネット上のやり取りや情報収集だけに依拠して潜入を試みた者が増加したこともある。

潜入者のなかには、イスラームについての理解の程度が低い、「イスラーム国」の思想・信条をよく知らない、そもそも「イスラーム国」が広報に用いる言語（アラビア語）ができない、といった知的水準の者もみられたが、このような者たちは、SNS上でイスラームの知識や「イスラーム国」の広報を翻訳・解説する者たちのアカウントを通じて情報を入手した。「イスラーム国」や潜入の手法についてSNS上で情報を提供する者たちは、「イスラーム国」を含むイスラーム過激派の主義主張に相当程度共鳴しているものの、どの組織の構成員でもなく、組織の関係者と人的なつながりがあるわけでもない者が多かった。また、彼らの多くは、言論の自由やインターネット上の活動の自由が保障された先進国で活動していた。このように、イスラーム過激派の外部にいながらイスラーム過激派のために広報を拡散したり、他者に情報を提供したりする者を潜入のアクターとしては拡散者と呼ぶ。

また、受け入れ者（この場合は特に「イスラーム国」）も、何の選抜・教化も経ずに合流を希望する者たちの人定確認や訓練が必要となったため、そのような者たちの受け入れに先立ち、組織の外部か末端に人定確認と訓練を行う機関（仮の受け入れ者）を設けた。[51] こうした変化も、「テロとの戦い」のなかで、イスラーム過激派が情報通信技術や社会の変化に適応した結果の一つといえる。

ただし、イラク・シリアのイスラーム過激派への外国人の潜入については、そのアクターの所在地に注目しなくてはならない。潜入に関与するアクターのうち、紛争地であるイラクやシリアにいるのは受け入れ者、仮の受け入れ者、案内者の一部である。一方、潜入者、勧誘者、案内者の一部、拡散者は、イラクやシリア以外の諸国や、両国に隣接して潜入の経路となる諸国にいる者たちである。

つまり、単にイラクやシリアで紛争が起こり、そこでイスラーム過激派が活動しているから外国人の潜入という問題が発生するのではなく、潜入のアクターの多くが在住している諸国において、彼らの活動に適切な取り締まりが行われていないことが潜入問題の発生の要因である。戦闘員らを送り出した諸国では、「イスラーム国」の作戦と称する襲撃事件が発生したり、紛争地で戦闘を経験した者が帰国して治安上の懸案となったりするなどの問題が生じているが、これは当事者となった諸国において、襲撃などが発生するはるか以前からイスラーム過激派のために人員をはじめとする資源を調達する活動が強固に存在していたことを示している。▼52

「イスラーム国」が放任されたことの影響

それでは、「イスラーム国」が「テロとの戦い」のなかで黙認・放任されたことによって勢力を拡大したことは、世界のイスラーム過激派にどのような影響をもたらしただろうか。既に述べた通り、世界各地に「イスラーム国」の「州」を名乗るなどして同派の名称を掲げる者たちが広がったことがその影響の一つである。

実はこの「イスラーム国」の拡大が、ほとんどの場合既存のイスラーム過激派諸派の改称や分裂によって生じたことも見逃してはならない。カリフ国の復活を主張して「イスラーム国」に改称して以降、同派にはエジプトのシナイ半島で活動していたエルサレムの支援者団（二〇一四年一一月）、ナイジェリアで活動するスンナと教宣とジハードの民団（二〇一五年三月、通称：ボコハラム）のような、アル＝カーイダに公式に忠誠を表明していない諸派からも忠誠表明が寄せられた。ボコハラムは、学校を襲撃し、女子生徒を多数誘拐して構成員の妻にするなどの虐待をしたことで国際的な注目を集めた団体である。ただし、同派はまもなく分裂し、指導者であるアブー・バカル・シカーオは、二〇一六年以降「イスラーム国」とは独自に活動を続け、ナイジェリアなどを活動地とした「イスラーム国　西アフリカ州」と抗争した。シカーオは、二〇二一年五月に「イスラーム国　西アフリカ州」との戦闘で死亡した。

マグリブ、イエメン、ソマリア、コーカサス地方、アフガニスタン、フィリピンでは、アル＝カーイダを含む既存のイスラーム過激派の一部が分裂し、それらが「イスラーム国」の「州」を名乗ることにより、「イスラーム国」が「拡大」した。このことは、「イスラーム国」と既存のイスラーム過激派諸派との間の資源の奪い合いだけでなく、両者が互いを不倶戴天の敵とみなす修復不能な分裂と対立をもたらした。

アフガニスタンを例に挙げよう。「イスラーム国」にとっては、カリフ制が復活した以上、現地で活動するアル＝カーイダやターリバーンはカリフに従うべき存在である。「イスラーム国」とその仲間から見れば、同派に従わないターリバーンは本来忠誠を誓うべき対象以外のものに忠誠を誓うダメな運動であり、ジハードを闘う団体ではなく「アフガンの愛国主義運動」に過ぎない。一方、ターリバーンは、アフガニスタンでのジハード活動は全て同派の指揮・統制下に行われるべきだと考えているため、ターリバーンではなくカリフの僭称者に忠誠を誓う「イスラーム国」やその仲間は戦列を乱す錯乱分子に過ぎない。こうして、両派は二〇一五年には抜き差しならない敵対関係に転じ、互いを蔑称で呼称し、武装衝突を繰り返すようになった。▼53

また、アフリカのサヘル地域でも、イスラーム的マグリブのアル＝カーイダの下部組織のような位置付けのＪＮＩＭと「イスラーム国　西アフリカ州」とが公然と交戦する事例が相次ぎ、ＪＮＩＭは「イスラーム国」の広報において、ジハードを闘う者たちではなく、「アル＝カーイダ民兵」と呼称されるようになった。

「イスラーム国」の拡大がもたらしたイスラーム過激派諸派の分裂と不和については、コーカサス地方で活動したコーカサス首長国の動向を詳述した富樫の洞察が興味深い。それによると、「イスラーム国」の勢力が最高潮だった二〇一五年頃の時点でコーカサスのイスラーム過激派の退潮は明らかだったが、そこに「イスラーム国」に忠誠を表明するか否かを争点にコーカサス首長国自体が修復不能な状態に分裂する事態が生じた。また、従来コーカサス首長国を支援してきたコーカサス域外の支援組織が「イスラーム国」支援に回り、コーカサス首長国は資源の調達先を失った。さらに、ロシアや旧ソ連諸国がイラクやシリアの「イスラーム国」に合流しようとする者たちの最大規模の輩出国となっていることから、支持者や構成員の勧誘という面でも「イスラーム国」はコーカサス首長国から資源を奪う存在となった。忠誠を表明する側は、それによって「イスラーム国」から資源が供給されることを期待したという動機も考えられるが、「イスラーム国」は忠誠を誓う世界各地のイスラーム過激派から、資源を吸い取る存在となったのである。かくして、コーカサス首長国は壊滅状態となった。▼[54]

前述のアル＝カーイダ現象では、アル＝カーイダに忠誠を表明したイスラーム過激派諸派は、アメリカやその手先と闘う組織としての名声や活動の正当化事由を、さらにはアル＝カーイダのネットワークを通じて戦闘の技術や手法、支持獲得のための口実などを得ることができた。これに対し、「イスラーム国」は占拠地域へのヒジュラを促すあまり、世界各地の資源を特定の場所に集中させたのである。既存のイスラーム過激派諸派から特段の所属がない個人に至るまで、世界中のイスラーム過激派やその支持者・模倣者が「イスラーム国」を名乗る状況を「イスラーム国」現象と呼ぶならば、それはイスラーム過激派が動員を図る資源の流れという面で、アル＝カーイダ現象とは異なる性質を持っていた。一見イスラーム過激派が世界中に拡散する点で共通しているように見えるこの二つの現象が、実は似て非なるものであるとの可能性は、「テロとの戦い」のなかでのイスラーム過激派の性質の変化の一端を示すものとして興味深い。

6 イスラーム過激派は攻撃対象を選ぶ

イスラーム過激派の思考・行動様式について考える際、彼らはイスラーム共同体への侵略者やイスラームに敵対する者たちを、時と場を選ばす襲撃したり、敵たちを飽くことなく付け狙い常に襲撃の機会をうかがっていたりするように見えるかもしれない。しかし、現実の問題としては、イスラーム過激派諸派は明らかに特定の属性の対象を好んで攻撃し、その属性を持っていない対象はそれがどんなにイスラームやムスリムに敵対的でも、攻撃も脅迫もしていない。この傾向は、第三章、第四章でイスラーム過激派を質的・量的に観察する手法を論じる際に一層明らかになる。そこで、本節では政治的行動としてテロリズムを採用するというイスラーム過激派の行動様式に着目して、どのような対象が攻撃を受けにくいのか、どのような対象が半ば無視されるのかを検討したい。

イスラーム過激派が好む攻撃対象

イスラーム過激派が執拗に当事者を攻撃したり、様々な行動を扇動したりしただけでなく、世界的にムスリムの世論が関心を持ち続けたできごとの代表例は、ヨーロッパ各国の報道機関が繰り返し掲載する、預言者ムハンマドの風刺画問題である。

問題の発端は、二〇〇五年九月にデンマークの新聞が風刺画を掲載したことに対し、デンマークをはじめとするヨーロッパ諸国に在住するムスリムによる抗議だけでなく、ムスリムが多数を占める諸国での抗議行動・デンマーク製品ボイコット・関係国による外交的な抗議が発生したことだった。この問題は、イスラーム過激派にとっては世界中どこであろうとデンマークの権益を攻撃すべき問題と認識された。実際、二〇〇八年六月にはパキスタンでデンマーク大使館に対する自動車爆弾を用いた自爆攻撃が発生し、当時アル＝カーイダの幹部だったムスタファー・アブー・ヤズィード（二〇一〇年五月にアメリカ軍が殺害）がアル＝カーイダ総司令部の声明として、この攻撃を実行したと主張した。

風刺画を掲載するか否か、掲載に対する抗議やボイコットに屈するか否かは、ヨーロッパの報道機関にとっては報道の自由・表現の自由に関する重要問題だった。そのためムハンマドの風刺画は、二〇〇五年以降も時折ヨーロッパの報道機関によって再掲され、そのたびに一般のムスリムからの抗議とイスラーム過激派による脅迫や扇動が起きた。風刺画を再掲した報道機関のなかでも著名だったのがフランスの『シャルリー・エブド』誌だった。二〇一五年一月には、パリ市内の同誌の編集部が襲撃され、編集関係者ら多数が殺害された。アラビア半島のアル＝カーイダが、この事件を自派による作戦であると主張した。同派は、事件に先立つ二〇一三年三月に発表した機関誌『インスパイアー』一〇号で、『シャルリー・エブド』襲撃事件の犠牲者を含むヨーロッパの報道関係者らを「指名手配」して攻撃を扇動していた。なお、この事件については、「イスラーム国」も自派の作戦であると主張した。また、問題の風刺画を授業で取り上げた教員がパリ郊外で襲撃・殺害された上斬首される事件が発生したが、これについても当時アル＝カーイダの通信社のように振る舞っていたサバート通信が大々的に「報道」した（二〇二〇年一〇月）。つまり、イスラーム過激派はヨーロッパの報道機関による預言者ムハンマドに対する冒瀆という問題に常に関心を持ち、これに関わる敵対者を長期間にわたって、しかも世界中で付け狙っているかのようなのだ。

イスラーム過激派が好まない攻撃対象

一方、ムスリムの生命・財産・信仰や、イスラームという宗教そのものが深刻な侵害を受けている（と信じられている）にもかかわらず、ムスリムの世論もイスラーム過激派もほとんど行動をとらない問題も多数存在する。その代表例は、ミャンマーにおけるロヒンギャの迫害や、中国の新疆におけるウイグル人に対する迫害である。また、インドとパキスタンとの間のカシミール地方を巡る争いも、イスラーム過激派にとってはイスラーム共同体に対する明白な侵略で、共同体全体で対処すべき問題のはずだ。確かにイスラーム過激派は、ロヒンギャについての広報として、グローバル・イスラミック・メディアフロント（GIMF）を通じてアル＝カーイダによる扇動を英語や現地語で発信したり、雑誌『アラカーン』を刊行したりした。ウイグル人は長年イスラーム過激派諸派と連携して活動しており、ウイグル人のイスラーム過激派のトルキスタン・イスラーム党が、一九九〇年代はアフガニスタン、二〇一〇年代はシリアに根拠地を築いた。カシミールでは、アル＝カーイダや「イスラーム国」を含む諸派の武装闘争が続いている。

しかし、これらの問題については、直接の当事者と思われる諸民族の抵抗や現地での武装闘争が広がりを欠き、例えばデンマークの事例でみられたように、ミャンマー、中国、インドの在外の権益がイスラーム過激派に攻撃されるようなことはない。イスラーム過激派やその支持者・模倣者にも、敵のうちいずれを攻撃するかについての優先順位や取捨選択があるということだ。

なぜ攻撃対象を選ぶのか

テロリズムの実行という観点からは、「テロ作戦」の成否は現場での破壊と殺戮の規模ではなく、作戦がどの程度社会的反響を呼んだか、すなわち敵方の世論に影響を与えることが可能な量・質で報道機関に露出できるか否かで決まる。クルーガーは、多くのテログループは実にメディアに精通していると指摘した。そして、二〇〇四〜〇五年の中東におけるテロ攻撃の発生件数を時間ごとに集計し、それが現地時間の朝の時間帯に最も発生しやすいことを図示した。また、九・一一事件も、ロンドンでの地下鉄爆破事件（二〇〇五年七月）も、午前中に発生している。

クルーガーは、ほかにも理由がある可能性を認めつつも、この傾向は報道機関による取材・ニュース報道のサイクルを意図したものであると指摘した。▼55 攻撃を実行する時間帯と報道機関の動向が関係しているのが事実ならば、イスラーム過激派が攻撃対象の選択においても報道機関の動向や関心を意識しているとしても不思議ではない。

実際、イスラーム過激派は、アル＝カーイダがアメリカに対するジハードを宣言して以来、「テロとの戦い」において攻撃対象を変化させてきた。具体的には、アメリカをはじめとする先進国、アフガニスタンやイラクに駐留する各国の部隊や民間人、イスラーム過激派諸派との対峙の現場となる諸国の軍・治安部隊、シーア派へと攻撃対象が移り変わった。二〇二一年頃からは、イスラーム過激派が「民兵」と呼ぶ対象への攻撃が増加しているが、「民兵」には、対立する他のイスラーム過激派の団体の構成員も含まれる。

イスラーム過激派の間でも、欧米諸国やそれに従属するムスリムの為政者の下で働く兵士や官憲、彼らの統治下におかれている一般人を攻撃することについては見解が分かれ、これに反対する意見がある。[56]攻撃対象についてイスラーム過激派の間でも意見が分かれるなかで起きた変遷は、イスラーム過激派が発信する文書類の精読や、彼らの戦果や語彙の使用頻度の集計などの分析で一層はっきりするだろう。

例――フランスと中国との違い

テロ行為が費用対効果や報道露出を意識して為されるという点について、フランスと中国との違いを例に考えてみよう。前者は、「テロとの戦い」、国内でのムスリムへの差別や圧迫、ムハンマドの風刺画問題などで、イスラーム過激派による攻撃だけでなく、ムスリム全般からの抗議行動やボイコットの対象となっている。一方後者は、ウイグル問題をはじめ、イスラーム過激派による攻撃の口実やムスリムの反感を買いうる材料に事欠かないにもかかわらず、攻撃や抗議・ボイコットの対象とはほとんどなっていない。

この問題は、政治行動や社会運動の発生や成否の分析として扱うべきものだ。テロ行為とは単なる破壊や殺戮ではなく政治的示威行動なので、作戦行動についての情報や攻撃者の意図が敵方の社会に広く伝えられ、反響が高まらなくては作戦は失敗なのだ。テロ行為と報道との関係の観点からは、フランス

（EU諸国でもよい）ではそれなりに自由で自発的な判断力を持つ報道機関が、頼みもしないのにテロ組織のメッセージや「思想」なるものの紹介に惜しげもなく時間を費やしてくれる。これに対し、報道管制が行き渡っている国（ここでは中国）では、攻撃の情報や実行者のメッセージなどを少なくとも国内の世論向けに一切発信せず、攻撃そのものを「なかったこと」にできる。

新疆でムスリムが抑圧されているどころか、信仰・生命・財産が剝奪されている件について、イスラーム過激派は何年も前からメッセージを発信し、行動を起こすよう扇動し続けている。しかし、これに対するムスリムの反響は乏しい。新疆の問題についてイスラーム過激派が発信するメッセージや思想なるものは探せばたいして苦労しなくてもいくらでも見つかるが、それに応じる者はいないということだ。要するに、イスラーム過激派が発信するメッセージや扇動が有効な場合とそうでない場合があるということで、こうしたメッセージがインターネット上で半永久的に残ったとしても、その脅威の見きわめや判定も攻撃対象や状況によって著しく異なるのである。

ボイコットや抗議行動の有効性についても同様で、「勝てそうな相手、勝てそうな時宜、勝てそうな手段を選んで」仕掛けないと、逆効果に終わることも大いにありうる。テロ行為はもちろん、経済的なボイコットや抗議行動についても、実行者たちはそうした行動に出た場合の費用対効果を考慮し、「割に合わない」ならばわざわざ危険を冒してまでそんなことはしないということだ。

また、攻撃対象とする財やサービス、経済的権益が人民の日常生活にあまりにも浸透している場合も攻撃やボイコットは難しくなる。当然のことながら、攻撃や抗議行動などへの広汎な参加や支持の動員を担う組織やネットワークが弱体ならば行動を起こすのは困難だし、攻撃対象の側が一致団結して反撃

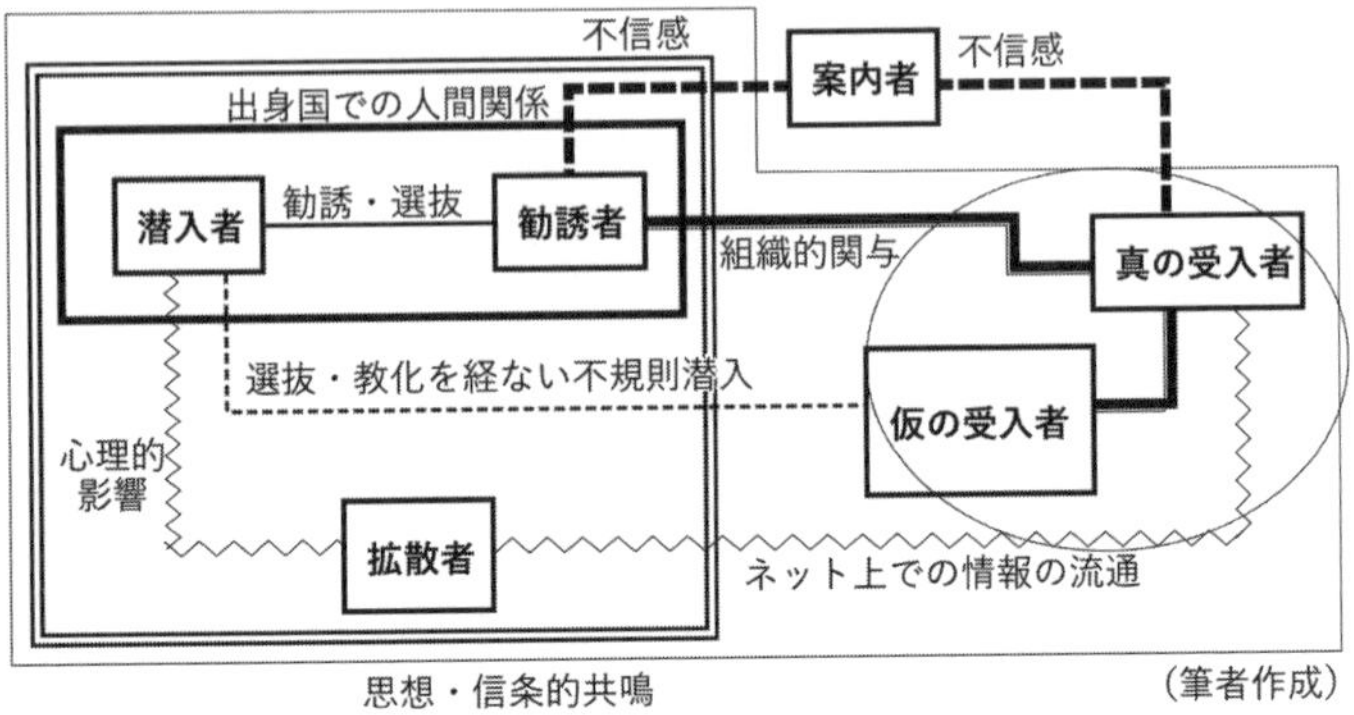

図1　潜入のメカニズム

してくることが予想される場合も、行動のために負担する費用がかさむことになる。さらに、広汎な参加や支持を促すために適切な目標や大義名分を設定しなくては、支持者は増えない。フランスに対するテロ行為や抗議行動が多いのに対し、中国に対してそうでないのは、扇動・攻撃、運動の現場で「そうすることの効果が低い」と考えられている結果でもある。▼[57]

ヨーロッパに根を張るイスラーム過激派

フランスでイスラーム過激派による攻撃が目立つ原因については、世界各地からイラク・シリアの「イスラーム国」に多数の人員が潜入したという問題の分析も重要である。

既に述べた通り、潜入に関わるアクターのうち、潜入者、勧誘者、拡散者は、元々はイラク・シリアにではなく潜入者を送り出した国（図1の二重枠で囲んだ部分。この場合はフランス）にいる者たちである。つまり、「イスラーム国」に潜入した者の数が多い国には、選抜・強化・旅程支援を行う潜入のためのネットワークや組織が強固に存在するということになる。潜入者の送り出し国が取り締まりを強化すれば、イラクやシリア（図1

の円で囲んだ部分）への人員の潜入を減らすことができる反面、送り出し国自身の社会が「イスラーム国」のために人員を送り出しているネットワークや組織と対峙し、時には暴力的な反撃を受けることになる。送り出しを放任するならば、攻撃の実行犯となるであろう者たちはイラク・シリアに行ってしまうので、送り出し国でイスラーム過激派による攻撃が発生する可能性はその分低下する。このような図式は、フランスのみならず、二〇一五年以降「イスラーム国」をはじめとするイスラーム過激派による攻撃がたびたび発生した、イギリス、ベルギー、ドイツなどにも当てはまる。▼58

第三章　質的な観察・分析が明らかにする「テロとの戦い」の実態

イスラーム過激派の質的な観察は、人文社会科学における質的調査の考え方に基づくものである。そこでは、関与型フィールドワーク（参与観察、現場密着の聞き取り調査、現場での一次資料の収集）で比較的少数の事例を詳しく分析することにより、社会現象や文化にまつわる問題について、多くの要因の間の関連性を分析・記述する。これに対し、かなり多数のサンプルから収集したデータを基に、比較的少数の要因の間の関連性を明らかにしようとする方法は量的調査と呼ばれる。[▼1]

質的調査においては、対象が必要とする情報を正確にもたらしてくれるか否かを判断したり、対象が情報をもたらしてくれるようになるほどの信頼関係を構築したりするなど、密接な関与と人間関係の構築が重要となる。イスラーム過激派については、報道の分野でビン・ラーディンらへの単独取材を行った事例があるものの、彼らとこの種の関係を構築するのは極めて困難である。

そこで本章では、イスラーム過激派を質的に観察するために、彼らが発信する一次資料、すなわち綱領や広報製作物（声明・画像・動画など）の丹念な読み込みによる分析を基軸として考察を進める。なお、イスラーム過激派の観察・分析においては、既に発生した事件やできごとの原因や因果関係を推論・説明するという作業だけでなく、イスラーム過激派の日頃の言動から将来生じうる被害を回避・軽減する方策を追求するという作業も求められる。単に一次資料を集積し、それに関する情報量を増やしていけばよいわけではないことに注意したい。

1　なぜ「イスラーム国」は欧米諸国を襲撃したのか？

「イスラーム国」がイラクやシリアで勢力を拡大するなか、同派によるヨーロッパやアメリカでの攻撃と考えられる事件も多発するようになった。代表的な事件としては、フランスでの『シャルリー・エブド』誌襲撃と、それと同時に発生した警官殺害・ユダヤ商店襲撃（二〇一五年一月）、バタクラン劇場など襲撃（二〇一五年一一月）、ブリュッセルでの襲撃・爆破（二〇一六年三月）があり、アメリカでもカリフォルニアでの襲撃事件（二〇一五年一二月）などが発生した。このような展開は、「イスラーム国」が活動地を国際的に拡大し、欧米諸国にも新たに活動を広げたかのように見える。確かに、一連の事件と同時期の二〇一六年五月には当時の「イスラーム国」の報道官だったアブー・ムハンマド・アドナーニーが扇動演説のなかで、敵の陣地での小さな打撃のほうを我々の陣地での大きな打撃よりも評価すると述べており、一部ではこの言葉が「イスラーム国」によるヨーロッパ諸国での攻撃指示・教唆と解釈された。

実際に、これ以後ヨーロッパなどで「イスラーム国」の犯行とされる襲撃事件が発生すると、同派の自称通信社「アアマーク」の短信には「十字軍同盟の国民を襲撃せよとの呼びかけに応えて」との一文が枕詞のように挿入されるようになった。このアドナーニーの扇動後に発生した著名な事件としては、フランスのニースでトラックを用いて多数を殺傷した事件が挙げられる（二〇一六年七月）。

このようにして振り返ると、あたかも「イスラーム国」が「突然」、「新たに」ヨーロッパ諸国を攻撃したかのように見える。だが、「イスラーム国」の広報活動を日常的かつ詳細に観察していれば、少なくともヨーロッパ諸国への攻撃の兆候なり「準備期間」なりは、かなり以前からつかむことが可能だった。

扇動演説を分析する

まず注目すべきは、上述のアドナーニーの演説である。この演説には、ヨーロッパ諸国での攻撃扇動ととれる言葉を述べる前に、「暴君どもがヒジュラの門を閉ざしたのなら彼らに苦痛を与えよ」と述べている箇所がある。ヨーロッパ諸国が「イスラーム国」への大規模な人員供給源であることは前章で指摘したが、二〇一四年末の段階でEU加盟国からだけでも数千人が送り出されていた。つまり、アドナーニーの扇動は、ヨーロッパで取り締まりが強化され、従来のように「イスラーム国」に多数の人員を供給できなくなる見通しへの反応としての意味を帯びていた。「イスラーム国」が勢力を伸ばした結果、ヨーロッパにも戦線を拡大するとの脅迫というよりは、今まで通りヨーロッパ諸国からの資源の供給を続けられるようにせよとの脅迫だったといってもよい。実際、「イスラーム国」が発表したヨーロッパからの潜入経験者たちの演説では、二〇一四年末からイラクやシリアに来られない者は今いる場所で攻撃せよとヨーロッパ諸国での決起扇動がされるようになっていた。

これに先立つ二〇一四年八月には、アメリカが率いる連合軍によるイラク・シリアでの対「イスラーム国」軍事攻撃が始まるとともに、「イスラーム国」によるアメリカ人記者らの斬首事件が発生していた。これもまた、アメリカやヨーロッパでの取り締まりが強化されることを予見したか、取り締まりが強化された実態を反映した行動だといえる。その後も「イスラーム国」は欧米諸国への攻撃扇動を繰返し、当時の自称カリフのバグダーディーが欧米諸国とその報道機関への攻撃強化扇動演説を発表したこともあった（二〇一七年九月）。ただし、この演説が発表された時期は、イラクではモスル（二〇一七年七月）、シリアではラッカ（二〇一七年一〇月）という、「イスラーム国」にとっての重要拠点が相次いで奪還された時期でもある。「イスラーム国」による欧米諸国での攻撃強化は、これらの諸国から人員の供給を引き受けられなくなるという見通しに基づくものだったのである。

なお、アラブ諸国のなかで「イスラーム国」への大規模な人員送り出し国だったチュニジアでは、チュニスのバルドー博物館襲撃事件（二〇一五年三月、日本人三人も含む外国人多数が死亡）やスースのホテル襲撃事件（二〇一五年六月）が発生した。サウディアラビアでも、二〇一五〜一六年にカティーフでのシーア派のモスク爆破事件（二〇一五年五月）など「イスラーム国」による攻撃が相次いだ。このような活動についても、欧米諸国への攻撃強化と同様の状況判断に基づくものだと考えられる。

ちなみに、後日「イスラーム国」自身が週刊の機関誌『ナバア』一五六号にて、欧米諸国で発生した諸般の事件の大半について、実行犯とは人的接触もなければ、思想・軍事的訓練を施したことも、物的支援をしたこともないとの事実を暴露した。欧米諸国をはじめとする世界で多発していたはずの「イスラーム国」による攻撃も、実際には「イスラーム国」が世界中のムスリムの非行から「ふさわしいもの」を戦果として取り込んでいたということに過ぎなかった。つまり、非行を「非行でない」と装ったり、何かの自己顕示に利用したりしたい者も、「イスラーム国」の様式に従って振る舞えば、ただの通り魔犯から「カリフの兵士」へ昇格できるという仕組みが存在したのだ。▼2

「イスラーム国」からの帰還者の脅威

二〇一五年半ば以降にイラク・シリアで「イスラーム国」が退潮するなかで欧米諸国への攻撃が続いたことにより、イラク・シリアに潜入した者たちが出身国に帰還して治安上の脅威になる恐れがあるとの問題が提起された。帰還者たちが「イスラーム国」の指令を受けるなり、新たなイスラーム過激派集団を形成するなどし、ヨーロッパや東南アジアで破壊行為を行うことが懸念されたのである。

「イスラーム国」の外国人戦闘員らが帰還・移転先の治安上の脅威になり、今後もイスラーム過激派が残存・拡散する恐れがあるとすれば、そうなるほどにイスラーム過激派の成長を促進した条件や要因とは一体何だろうか？　一般には、イラク・シリアでの宗教・宗派・民族紛争や、圧政・独裁がそうした要因だと思われるかもしれない。しかし、それだけでは「イスラーム国」の下に世界中から多数の人々が集まり、イラク・シリア以外の場所で破壊活動を行うことの説明はつかない。なぜなら、イラク・シリアで現地の政権を打倒し、領域を占拠し、それを維持しようというのなら、それ以外の諸国は資源の供給地として利用するのが合理的であり、「イスラーム国」を名乗ってわざわざ欧米やアラビア半島やアジアの諸国を攻撃する必要はないからだ。また、非常にばかばかしいことだが、「帰還」とはどこから出発しない限りありえないことだから、帰還者の問題の根本は彼らが出発した場所にあると考えるべきだろう。

そうなると、世界中から「イスラーム国」へと人々が送り出された原因も、「イスラーム国」の成長を促進した要因の一つと考えることができる。貧困、教育の欠如、格差、差別、移民やその子孫の不適応、自己実現の機会の欠如が、人々が「イスラーム国」に惹きつけられた原因だろうか？　しかし、そのような境遇に置かれ、それに不満を抱いている者の「全てが、自動的に」イスラーム過激派のために行動を起こすわけではない。現に、EU諸国のムスリムやアラブ移民、低所得者のうち、実際に「イスラーム国」のために行動を起こした者の割合はごくわずかだ。重要なのは政治や社会の現状に不満を持つ人々に、誰がどのように働きかけ、組織化するかだ。

これまでも繰り返し指摘したように、「イスラーム国」に多数の人員を送り出した諸国には、「イスラーム国」がそうすることができるだけの組織的な基盤が存在する。それらの諸国が抱える問題とは、実は「イスラーム国」やその仲間がさしたる制約もなしに選抜・勧誘・教化、そして送り出し活動を行っていたという環境なのだ。つまり、最優先でとるべき対策は「送り出し国」で「イスラーム国」のために活動している者を追跡・特定して取り締まることであり、彼らがどのように「イスラーム国」と連絡を取り合っているのかを解明してそれを断つことである。貧困、格差、差別、機会不均等などの問題が解消されることは望ましいが、それにこだわるあまり現場でとるべき対策が疎かになれば本末転倒といえる。

外国人戦闘員の帰還や移転という文脈では、「イスラーム国」の成長を促進した諸条件は、「送り出し国」や経由地における対策の不備や当局の不作為である。「イスラーム国」の成長の促進要因を、「イスラーム国」の活動地や抜本的な解決策のない問題のみに求めても、有効な対策にはつながらない。[3]「イスラーム国」による攻撃が、ヨーロッパ諸国やアラブ諸国にも拡大した理由は、これらの諸国から「イスラーム国」への資源の送り出しが放任され続けていたことである。この問題から目を背けることは、「テロとの戦い」が二〇一〇年代の初期に破綻していたという事実からも目を背けることだ。

2　予測可能だったターリバーンの「勝利」

テロリストを軍事的に討伐した後に民主的な政治体制を確立し、それを維持しつつ経済成長を達成してテロリズムを二度と流行させないことが、「テロとの戦い」のあるべき姿だった。しかし、二〇二一年八月に「テロとの戦い」のなかで日本を含む世界中の諸国が膨大な資源を投じてきたアフガニスタン政府が崩壊し、「テロとの戦い」の敵役の代表格だったターリバーンがアフガニスタン領の大半を制圧するに至った。この状況も、一見すると急速に事態が推移して短期間のうちにアフガニスタン政府が崩壊したかのように見えるが、同国における「テロとの戦い」が期待通りに進まなかった状況と、ターリバーンが発信する文書類を地道に分析することにより、予想可能な結末だった。

アフガニスタン政府による統治は、容易に領域全体には及ばなかった。二〇一五年一一月の時点で、政府の支配領域が全体の七二パーセント、ターリバーンの支配領域は同七パーセントだったが、二〇一七年一〇月には政府五六パーセント、ターリバーン一四パーセントとなり[4]、アフガニスタン政府による統治はむしろ後退傾向にあった。

また、ターリバーンは教育・医療・司法・徴税・通信にまで隠然たる影響力を及ぼし、その統治や影響力の行使は、「ゼロサム型」ではなかった。ターリバーンは、自派の方針に沿ったものならば政府によるサービスの提供も許容・奨励した[5]。影響圏を拡大し、そこを統治することにより、ターリバーンは行動様式を洗練させるとともに、アフガニスタン政府に対する勝利への自信を深めたようだ。

例年、ターリバーンは気象条件が厳しい冬期は作戦行動を抑え、春期に攻勢の開始を宣言していた。この攻勢開始宣言を毎年精読し、過去の宣言の内容と比較検討することにより、ターリバーンの情勢認識や活動方針の変遷、及び優先する課題について知ることができた。

ターリバーンの春期攻勢開始宣言を精読するとわかること

ターリバーンの春期攻勢開始宣言を精読するにあたり、最も注意すべき点はどのような国・組織・機関・人員を攻撃対象として挙げるのかだった。アフガニスタンでは、邦人も含む外国の援助機関が攻撃を受け犠牲者が出たことがあったし、首都であるカブール市内の外国人滞在施設への攻撃が一定の頻度で発生していた。ターリバーンがどのような論理で何を攻撃するのかを事前に知ることができれば、危険を回避する対策もとりやすくなる。

この視点から攻勢開始宣言を分析すると、ターリバーンは時間の経過とともに攻撃対象の範囲を狭めるとともに、利用価値がある機関や援助活動は利用し、アフガニスタン政府の官憲を切り崩して自陣営につけるための呼びかけに注力するようになっていったことが判明した。例えば、二〇一〇年のファトフ攻勢開始宣言では、「(アフガニスタン内外で)アメリカの利益のために投資する者」との表現で、民間企業や実業家への攻撃も厭わない態度を表明した。また、二〇一四年のハイバル攻勢においては、「占領者の業務を請け負う軍人・民間業者、いかなる名称であろうとも占領者と共に働く者、占領者の通訳」との表現で非常に広範囲の活動を攻撃対象と指定した。この時点では、アメリカ軍などだけでなく外交団やその車列も攻撃対象として明記されていた。

ところが、二〇一五年以降は攻撃対象の範囲が次第に狭まるとともに、ターリバーンの戦闘員に対し、一般のアフガニスタン人の生命や財産の安全に配慮するよう指示する内容が目立つようになっていった。二〇一五年のアズム攻勢では、「また、イスラーム首長国(=ターリバーンの自称)は、古くからの戦略である、宗教・教育拠点、医療施設を攻撃しないということを再確認する。アフガン人民を助けることだけを目的とする慈善家・慈善団体は、イスラームの教えに沿って支援活動をするように」と述べて、福祉・援助活動を攻撃対象から外した。これは、現場での優位に自信を深めたターリバーンが、アフガン人民に様々なサービスを提供する援助団体を、排撃するのではなく「統制して利用する」方針に転じたことを意味した。逆に言えば、現地の治安情勢は、有力な国際機関・援助団体といえどもターリバーンの承認や了解なしには安全に活動できない状況に陥っていたということだ。

二〇一六年のウマル攻勢では攻撃対象の例示が特になく、二〇一七年のマンスーリーヤ攻勢でも攻撃対象は占領軍とその傀儡に絞られた。二〇一八年のハンダク攻勢では、「フィトナ(騒乱)の唱道者」を攻撃対象とすると表明したが、これは同攻勢開始の時点で不倶戴天の敵となっていた「イスラーム国」を指すものと思われる。そして、二〇一九年のファトフ攻勢では、「広汎な征服を達成すること、多くの地域・都市・拠点を敵から浄化することを期待している」と表明するとともに、配下の戦闘員に対し規律の徹底や国民の生命・財産、公共財の保護を指示した。ターリバーンは、二〇二〇年二月にアメリカとの和平合意を締結したため、同年以降は攻勢を実施しなかった。

これらの宣言で年々戦闘員の規律への言及が多くなることは、彼らの非行が単に否定したり隠蔽したりするだけでは済まされない規模に達していたことを示唆している。しかし、攻勢に際しての攻撃対象の変遷は、ターリバーンが戦況を自派の優位と認識するとともに、内外から統治者としての認知を獲得したり、アフガン人民へのサービス提供に関与したりしようと試みていたことを示している。▼6

ターリバーンの春期攻勢のタイトルが持つ意味

もう一つ興味深い点は、毎年の攻勢につけられるタイトルである。これは、ナスル（勝利）やファトフ（征服）という命名に加え、イスラーム史上の故事や著名人、殉教したターリバーンの指導者らにちなんで命名されていたのだが、命名に込められた情勢認識や意気込みも見落としてはならなかったのだ。

例えば、「バドル攻勢」という名称は、ターリバーンに限らずイスラーム過激派全般が好む名称だ。これは、バドルの戦いが六二四年に預言者ムハンマドの軍勢がマッカの軍勢に勝利した最初の本格的戦闘であり、その結果イスラーム共同体が創業の足場を固めたという故事にちなむ。また、ターリバーンの攻勢で重要なのは、二〇一八年のハンダク攻勢である。ハンダク（塹壕）の戦いとは、六二七年にムハンマドがマディーナ攻略を目指し総力を挙げたマッカ勢を撃退した戦いのことだ。マッカ勢はこれで戦意を喪失し、六三〇年にムハンマドに降伏した。この戦いを冠した攻勢を宣言したことは、ターリバーンにとっては数年以内に勝つという意気込みなり自信なりの表明だった。ちなみに、ムハンマドが指揮した戦いにはウフドの戦い（六二五年）もあるが、こちらは戦術的にムハンマド勢の敗戦だったので、イスラーム過激派の広報ではあまり人気がない。

ともあれ、イスラーム史上でハンダクの戦いからマッカ解放までが三年だったのに対し、アフガニスタンでもハンダク攻勢からアメリカとの和平合意、アフガニスタン政府の崩壊までが三年であり、歴史的な吉兆を好むイスラーム過激派にしてもできすぎに見えなくもない。残念なことは、二〇一八年時点の状況と史実としてのハンダクの戦い当時の状況とを類似していると認識して、ハンダク攻勢という名称に込めたターリバーンの意気込みや自信、その裏返しとしてのアフガニスタン政府の弱体化が深刻な問題としてとらえらず、対策が講じられたようではないことだ。ターリバーンが年次攻勢をどのように命名するかを見るだけで、アフガニスタン政府の崩壊、ひいては欧米諸国の「テロとの戦い」の敗北が二〇二一年八月の数日間だけのできごとではないことは明白だった。

3　アル＝カーイダと「イスラーム国」の決裂と抗争

二〇一四年二月、アル＝カーイダは総司令部名義で当時のイラクとシャームのイスラーム国との絶縁を宣言し、特にシャーム（ここではシリアを指す）におけるムジャーヒドゥーン諸派の抗争とは無関係であると表明した（声明そのものは二〇一四年一月二二日付）。これに対し、イラクとシャームのイスラーム国も二〇一四年四月に報道官の演説を発表し、アル＝カーイダの活動方針の変質を非難し、アル＝カーイダとの戦闘も辞さないと宣言した。この演説では、アル＝カーイダが「イスラーム国」やカリフ制を否定し、「イスラーム国」側をハワーリジュ呼ばわりしてムジャーヒドゥーンの戦列を割っていると非難している。ハワーリジュとはイスラームにおける初の政治・宗教的党派で、イスラーム国家をコーランの規定をそのまま政治に反映させることによって再生するよう主張して第四代カリフのアリーの陣営から離脱した人々のことである。

アル＝カーイダをはじめとする「イスラーム国」の活動方針に反対する諸派と「イスラーム国」との抗争は、「テロとの戦い」で敵と位置付けられたイスラーム過激派の内部での分裂・抗争として、これ以後「テロとの戦い」そのものにも大きな影響を与えた。この抗争の両陣営の広報活動からも、蔑称の使用も含む攻撃的な言辞の応酬から、実際の武力衝突に至るまでの過程やその兆候を知ることができた。

アル＝カーイダと「イスラーム国」との対立

二〇〇四年に「イスラーム国」の前身団体が二大河の国のアル＝カーイダと名乗ってアル＝カーイダの支部となった後も、同派とアル＝カーイダとの間にはシーア派への攻撃や一般人に多数の犠牲を出す攻撃、人質の斬首などの是非を巡って相違があった。「アラブの春」を経た二〇一〇年代には、アル＝カーイダの指導者のザワーヒリーが「イスラーム支援の資料」（二〇一二年一一月）、「ジハード活動のための総合指針」（二〇一三年九月）と題する闘争方針に関する重要文書を発表した。前者では暴君に対する人民の革命（＝アラブの春）を支援すると表明する一方で、現行の国家や国境を認めないカリフ制樹立のための行動を標榜している。後者では、必須の場合以外は諸体制を攻撃せずに兵站を確保する、他宗教・他宗派よりも十字軍同盟への攻撃を優先する、他のジハード諸派との抗争回避、人民革命の支援などの方針を示している。これらが発表された時期、イスラーム過激派が発表する文書類は、一応相手方への礼儀や配慮のある表現ぶりとなっていたが、攻撃対象、他のイスラーム過激派諸派への態度、ひいては世界各地での攻撃の実行など、その後のアル＝カーイダと「イスラーム国」の決裂につながる論点や相違点が多数みられた。

二〇一一〜一三年までのシリアでのアル＝カーイダや「イスラーム国」の活動については、シリア紛争に乗じて名義を隠してシリアに浸透することが、両者の合意の上での方針だった。同じ時期、自由シリア軍を名乗る反体制派の武装勢力諸派が、規律や戦闘力の欠如により求心力を失うなか、シリア紛争の現場ではイスラーム過激派を含むイスラーム主義を掲げる武装勢力が反体制派の主力となっていった。ヌスラ戦線はそのなかで勢力を伸ばした団体だったが、当初は綱領や方法論を公開しなかった上、闘争をシリアでのシリア政府に対するものに絞っていた。このため、二〇一二年末にアメリカがヌスラ戦線をイラク・イスラーム国の別名の団体としてテロ組織に指定したものの、同派とアル＝カーイダや当時のイラク・イスラーム国との関係は不明瞭で、特にシリアの反体制派は異議を唱えて指定の撤回を要求した。▼7

この状況を変えたのが、二〇一三年四月九日の、イラク・イスラーム国の指導者のアブー・バクル・

バグダーディーによる、イラク・イスラーム国とヌスラ戦線を統合してイラクとシャームのイスラーム国を結成するとの宣言である。宣言によると、ヌスラ戦線の指導者であるアブー・ムハンマド・ジャウラーニーはイラク・イスラーム国の「兵士の一人」であり、イラク・イスラーム国がヌスラ戦線のための計画を立て、人員を提供したが、両派の関係は治安上の理由で公にされなかった。これに対し、ジャウラーニーはヌスラ戦線がイラク・イスラーム国の旗の下に集った者たちであると認めた一方で、統合については事前に相談を受けていないと反発し、独自にザワーヒリーに忠誠を表明して、ヌスラ戦線名義での活動継続を宣言した。

ザワーヒリーは両派の関係の混乱に巻き込まれる形となったが、二〇一三年一一月にアル＝カーイダの正規の発信経路ではなく報道機関を通じて出回った音声で、イラクとシャームのイスラーム国を廃止した上で、イラク・イスラーム国はイラクを、ヌスラ戦線はシリアを管轄し、両派は協力するよう指示した。▼8 一方、ザワーヒリーは、「イスラーム国」との絶縁後の二〇一四年五月に発信された、サハーブ広報製作機構とのインタビューのなかで、シリアではアル＝カーイダの名義を隠すよう指示していたと述べた。ここまでのやり取りを見ると、イラクとシャームのイスラーム国の結成宣言以前、アル＝カーイダ、イラク・イスラーム国、ヌスラ戦線の間で、シリアでは名義を隠して反体制武装闘争に便乗することがアル＝カーイダの戦術として合意されていたものだったことがわかる。

一方、アル＝カーイダは、「イスラーム国」に連なるネットワーク以外にも自派の活動家を配置することを怠らなかった。その代表が、第二章で挙げたアブー・ハーリド・スーリーであり、同人は当初はアル＝カーイダや「イスラーム国」とは異なる「穏健な」シリア地元のイスラーム主義勢力と期待されたシャーム自由人運動の創業時の幹部として活動した。「イスラーム国」との決裂後、ザワーヒリーは同人を殺害したのは「イスラーム国」であることを示唆する発言を繰り返すようになった。

衆人環視のなかで進行した対立と決裂

イスラーム過激派をいかに観察するのか、という視点からアル＝カーイダと「イスラーム国」との対立や決裂を分析する上で興味深いのは、一連の相違や対立、そして決裂がインターネット上の公式・非公式のやり取りや機微な情報の暴露により、衆人環視のなかで展開したことだ。

両派の齟齬が顕在化した段階で、各地のアル＝カーイダ諸派は声明や動画でそれをいさめる立場を表明した。アラビア半島のアル＝カーイダ、イスラーム的マグリブのアル＝カーイダは、アル＝カーイダによる絶縁宣言後はこれに倣い、イスラーム的マグリブのアル＝カーイダの声明（二〇一四年七月）、アラビア半島のアル＝カーイダのハーリス・ナザーリーの演説（二〇一四年一一月）などで、「イスラーム国」によるカリフ制樹立を否認する立場を表明した。

同様に、ターリバーンもアフガニスタンにおけるジハードは自派の指揮の下に進められるべきであり、カリフに忠誠を誓ってその配下に入るべきだと主張する「イスラーム国」の立場を明確に拒絶した（二〇一五年六月）。これに対し、「イスラーム国」は二〇一五年七月に刊行した英語の機関誌『ダービク』一〇号にて、当時のターリバーンの指導者ムッラー・ウマルの正統性を完全に否定するとともに、同人がもはや生存していない可能性を強く示唆する論考を掲載し、ターリバーンの威信をも否定した。

イスラーム過激派の支持者やファンの分裂も進む

アル＝カーイダと「イスラーム国」との対立が昂じると、諸派が公式に発信する文書や動画類だけでなく、SNSを中心に双方の支持者やファンの間でも誹謗中傷合戦が激化した。とりわけ、ザワーヒリーが「イスラーム国」とヌスラ戦線の管轄地を、イスラーム過激派としては本来打破すべき既存の国家の単位（前者はイラク、後者はシリア）で裁定しようとしたとの情報は、既存の国家の存在を受け入れたというアル＝カーイダの思想的屈服を示すものと解釈され、同派の凋落を象徴した。これに対し、「イスラーム国」はイラクとシリア間の国境を物理的に破壊する宣伝動画などにより人気を博した。このような事情も経て、双方の支持者・ファンが蔑称や放送禁止用語に類する語彙で展開した誹謗中傷合戦は、「イスラーム国」がアル＝カーイダを圧倒して推移した。

やがて、この誹謗中傷合戦は、双方で「明らかに機微な情報に接している者」が「非公式に」双方のやり取りや相手方の機密情報を暴露するような発信をも含むようになった。その結果、「非公式だが事実上公式」という面妖な情報源が現れ、それに依拠して観察を行う機関や専門家も現れた。このような展開や情報収集のあり方の移り変わりも、「テロとの戦い」のなかでの興味深い変化である。

当然ながらこの変化はアル＝カーイダ諸派の懸念するところとなり、アル＝カーイダは本節冒頭で挙げた「イスラーム国」との絶縁宣言のなかで「ムジャーヒドゥーンの間の問題は、広報を通じてではなくムジャーヒドゥーンの間で解決するよう希望する」と表明した。また、二〇一四年六月のイスラーム的マグリブのアル＝カーイダの声明にも、シリアでの対立について、現場での戦闘だけでなくSNS上での非難合戦もやめるよう助言する内容が含まれており、問題の深刻さを示している。つまり、イスラーム過激派が敵対する欧米諸国などへの脅迫や広報の手段として磨いてきたはずのインターネットやSNS上の広報の刃は、ひとたび立場が異なれば直近まで仲間だったはずの別のイスラーム過激派にも容赦なく振るわれる武器となった。そして、SNSの普及に伴い、諸派の間の人間関係とは無縁の支持者やファンが対立を一層煽る言辞を激化させる行為に走ったのである。

ちなみに、この期間にアメリカ軍が上げた「テロとの戦い」での戦果は、アメリカ国籍でアル＝カーイダの広報において重要な役割を担ったアダム・ガダンの殺害（二〇一五年一月）、アラビア半島のアル＝カーイダ幹部のナスル・アーニスィーとイブラーヒーム・ルバイシュの殺害（二〇一五年四月）、同じくハーリス・ナザーリーの殺害（二〇一五年二月にアラビア半島のアル＝カーイダが発表）だった。これらの活動家は、時に難解かつ長時間で、しかも時事問題とは無関係の演説を発信する、観察する側としてはまさに「難物」だったのだが、アル＝カーイダの広報の「スター選手」だったことも事実である。アメリカ軍が短期間の間に彼らを「消した」ことは、アル＝カーイダと「イスラーム国」との広報合戦で専ら「イスラーム国」を利する結果となった。

4　「イスラーム国」は何と闘っているのか#1

前章の末尾では、イスラーム過激派といえども様々な事情や打算・計算の上で攻撃対象を選択しており、ヨーロッパ諸国と中国やミャンマーとを比較すると前者のほうが攻撃対象としてより好まれることを明らかにした。また、先に「イスラーム国」による欧米諸国への攻撃についての表現ぶりや、ターリバーンの年次攻勢開始宣言で年ごとに挙げられる攻撃対象の変遷を分析した通り、個々のイスラーム過激派がどのような認識・事情で何を当座の攻撃対象とするかは、諸派が発信する声明類、特に諸派の政治綱領や攻勢開始宣言のような資料を精読することで、傾向を把握してある程度の対策を講じることが可能である。本節では、「イスラーム国」が発信した文書を分析し、同派の行動様式の一端を解明する。

「イスラーム国」の特徴

「イスラーム国」の特徴としては、シーア派に対する激しい敵意、一般の民間人を多数殺傷することを目的とした攻撃が挙げられる。また、同派がイラクやシリアで広範囲を占拠していた時期には、制圧下の住民に対しても激しい暴力が振るわれた。「イスラーム国」に対して武装蜂起したシリアのダイル・ザウル県のシュアイタート部族の粛清（二〇一四年七〜八月）や、（男性）同性愛者の摘発と処刑が代表例である。しかも、同派の広報で一時盛んに取り上げられた、徴用した子供に敵の捕虜や「スパイ」を処刑させるという行為も子供とその親族にとっては深刻な暴力である。「イスラーム国」がなぜこのような行動に出るのかについては、同派が発信した自らの信条や方法論について表明する文書で、「イスラーム国」なりの説明がされている。

簡潔な形式で「イスラーム国」の信条と方法論を説明しようとした資料としては、「イスラーム国」の教理・教学上の解釈を広報するパンフレット類の刊行を担当したヒンマ文庫が二〇一五年七月に発表した、「これが我々の信条・方法論」と題するパンフレットがある。このパンフレットは、一頁を三つ折りにする形式で、両面印刷ならば表紙も含めて一枚で収まるものであるが、「イスラーム国」が何を敵視し、どの敵への攻撃（や粛清・矯正）を優先するかを明確に示す資料である。

具体的には、シーア派について「シーア派は、多神崇拝と背教と敵対の宗派である」とごく短く規定されているだけで、この簡潔さゆえにかえってシーア派に対する非妥協的な敵意と殲滅志向が確認できる記述となっている。また、「世俗主義は、民族主義、愛国主義、共産主義、バアス主義などの差異を問わず、不信仰である」と断じる一方で、「背教という不信仰は元々の不信仰より悪いものであり、それゆえ背教者との戦いは元々の不信仰者との戦いよりも優先である」と表明している。[9]「イスラーム国」は、様々な資料で自らの「国民」はスンナ派ムスリム全体であると表明している上、このパンフレットでも「姦通、飲酒、窃盗のような罪で人を不信仰者と宣告しない」と記載している。これは、同派がスンナ派全体を包摂するものと宣言していると解されるが、「イスラーム国」にとって「背教」者となりうるのは同派と同じムスリム、特にスンナ派のムスリム以外には存在しない。つまり、「イスラーム国」は「国民」たるスンナ派とも容赦なく闘うことを宣言しているのである。

このような態度は、「イスラーム国」が二大河の国のアル＝カーイダと名乗っていた二〇〇五年三月に発表した、上記のパンフレットと同じタイトルの文書でも表明されていた。つまり、「イスラーム国」は前身団体の発足当初から、イスラーム共同体を蝕む内憂外患のうち、内憂をいかに綱紀粛正するかを特に重視していたということだ。同派にとって本来は糾合するはずのスンナ派のムスリムであっても、「背教」にあたる思考・行動様式をとる者は何よりも優先して粛清すべき対象となるのだ。その上、日本や欧米諸国で強く意識されているはずの戦争・紛争における民間人の生命・財産の保護は、「イスラーム国」の文書では全くといっていいほど意識されていないか、意識されているとしても、それは同派がスンナ派と認識した者たちに限られている。

この点において、「イスラーム国」から背教・不信仰と断じられれば、欧米諸国（＝十字軍）の協力者や地元の為政者や官憲でなくても、現在国際的に認知されているはずの権利は一切認められず、積極的に攻撃すべき対象へと貶められる。従って、「イスラーム国」が主役に躍り出て以降の「テロとの戦い」は、元々イスラーム過激派と戦っていた欧米諸国でも、イスラーム過激派から攻撃対象とされがちだったシーア派でもなく、イスラーム過激派と信仰上の解釈・実践を共にするはずのスンナ派のムスリムにとって最も切実な問題となるべき現象へと変質したのである。「イスラーム国」が攻撃対象をどのように認識しているかという問題については、第四章の量的観察でも考察する。

5 「対日脅威」はどこから生じるのか

「テロとの戦い」に直面したイスラーム過激派諸派は、様々な場所で、しかも「テロとの戦い」への参加状況を問わず、様々な対象を攻撃した。日本人や日本の権益も、偶然の巻き添えも含めてイスラーム過激派による攻撃の被害を受け続けている。日本人が被害に遭うたびに問われるのは、「なぜ日本人（権益）がイスラーム過激派に攻撃されたのか？」という問いであり、これは状況によっては「イスラーム過激派はいかなる犠牲も手間も顧みず常に執拗に日本人（権益）を付け狙っている」という恐慌状態にも似た反応を招くこともある。

素朴な親日観は日本への攻撃を抑止しない

中東地域やムスリムと直接触れ合った経験のある読者諸賢においては、中東の人々は一般に日本や日本人に対して好意的であるとの感触を得た方も多いだろう。実際、日本では一般の中東社会における日本の印象は、経済的な発展や優れた工業製品への高い評価、近年ではテレビドラマ、アニメ、ゲーム、キャラクターなどの作品・製品を通じた好意に代表される、好印象であると信じられている。また、日本が十字軍の遠征のような軍事攻撃や、中東地域やムスリムが人口の多数を占める地域に対する植民地支配といった経験を持たないことを理由に、日本人（権益）は中東地域で攻撃を受けにくいとの考えもあるようだ。

現実の問題としては、イスラーム過激派とその支持者・ファンは、一般の中東地域の住人やムスリムとは政治・社会的な状況認識や問題解決のためにとるべきと考える手段が著しく異なる人々であり、一般に広がっている好印象や高い評価が、イスラーム過激派による日本人（権益）への攻撃への絶対的な抑止力になるとはいえない。「テロとの戦い」への日本政府の参加がイスラーム過激派による攻撃を促進したとの見解もありうるが、エジプトのルクソールでの観光客襲撃事件（一九九七年）のように、「テロとの戦い」を待たずとも状況さえ整えばイスラーム過激派は日本人（権益）を攻撃している。

本節の見出しの問いに対して結論を言えば、日本人は昔からイスラーム過激派にとっては「敵」であり、「日本人だからイスラーム過激派に攻撃されない」と信じ込む根拠は全くない。しかも、イスラーム過激派から見て日本や日本人が敵方に分類される理由は、その時々の日本政府の政策や動向、個人や企業の振る舞いに起因するものではなく、世界を「正しいムスリム対不信仰」の二分法でしか認識できないイスラーム過激派の思考・行動様式に起因する。この二分法に従えば、平均的な日本人が「味方」と認識されることは決してないし、仮に個人や集団が「味方」と認識されるような振る舞いに努めたとしたら、国際的な「テロ対策」の文脈での制裁対象となるか、日本の国内法での取り締まり対象となる可能性が高い。

また、イスラーム過激派のテロリストとしての行動様式に鑑みれば、彼らが敵と認識している対象のどれを優先的に攻撃するのか、あるいはどのような対象に最も関心があるのかはその時々の状況によって変化するものであり、いつでもいかなる犠牲も顧みずに特定の対象（上記の問いに沿うならば「日本」）を付け狙っているわけではない。[10] その上、「テロとの戦い」における日本とイスラーム過激派との関係は、日本人（権益）が時折攻撃や脅迫を受けるだけにとどまらず、はるかに広範囲にわたっている。本節では、この点も踏まえてイスラーム過激派が日本をどのように認識し、どのように脅迫・攻撃してきたのかについて検討する。

イスラーム過激派の対日認識

イスラーム過激派が戦果発表や脅迫・扇動・広報で日本に言及する頻度は、非常に低い。言及のされ方についても、アメリカの暴虐を例示する際に被爆国として挙げられることはあるが、時事問題を論評する際に日本が挙がることはまずない。無論、偶像崇拝者としての日本の宗教状況に触れた記事や、日本で発生した地震についてのニュースを取り上げた記事がないわけではないが、「テロとの戦い」の開始後も、日本に対するイスラーム過激派の知識の水準や関心は決して高くはない。

ただし、このことはイスラーム過激派が日本を敵視しないことを意味するのではない。例えば、ビン・ラーディンはアメリカによるイラク占領に関し、アメリカの軍・占領当局高官や国連の高官の殺害に金一〇キログラム、国連安保理常任理事国の軍人や国民の殺害に金一キログラム、そして日本やイタリアのなどの国の軍人・民間人の殺害に金五〇〇グラムの懸賞をかける声明を発表した（二〇〇四年五月）。この声明との関係は不明だが、同じ時期にイラクでは、「イスラーム国」の前身であるタウヒードとジハード団、二大河の国のアル＝カーイダなどによる外国人の誘拐・処刑が相次いでいた。イラク戦争初期においてはイラクで日本人が襲撃・誘拐・殺害された事件が相次ぎ、この間ティクリートでの日本人外交官二人殺害事件（二〇〇三年一一月）、アンバール県での日本人誘拐事件二件（二〇〇四年四月）、バグダード南方での日本人二人殺害事件（二〇〇四年五月）、二大河の国のアル＝カーイダによる日本人誘拐・斬首事件（二〇〇四年一〇月）、アンサール・スンナ軍（現：アンサール・イスラーム団）による軍事企業に勤務していた日本人の殺害事件（二〇〇五年五月）が発生した。

これらの全てがイスラーム過激派による攻撃だとは限らないのだが、一連の事件は日本人（権益）もイスラーム過激派が活動する地域に存在する以上、攻撃を受けることは間違いないことを示した。

報道機関をはじめとする、日本の個人や機関から発せられたと思しき質問が、イスラーム過激派から「日本は敵である」ことを確認する発言を引き出した事例もある。アル＝カーイダは、インターネット上の掲示板サイトを通じてザワーヒリーへの質問を募ったことがあったが、二〇〇八年四月に発表された質問群とそれへの回答には、なぜ日本を攻撃対象とするのかを問うものが二件収録されていた。ザワーヒリーは質問に対し、自衛隊のイラク派遣はイスラームの地への十字軍遠征への参加であると述べ、日本人による我々への敵対行為だと主張した。このやり取りがあった当時は、イスラーム過激派による日本への関心が低下し、広報でもほとんど言及されなくなっていた時期だったのだが、日本から発せられた問いかけにより、ザワーヒリーによって日本への敵視が再確認される結果となった。

イスラーム過激派は日本を利用する

イスラーム過激派による広報の分野では、日本で提供されていたサービスがイスラーム過激派によって利用（悪用）された事例もあった。イスラーム過激派は、二〇〇四年頃から戦果発表や広報のために動画や音声を作成し、インターネットを通じて発信するようになった。これらの広報作品のファイルをアップロードする場として、二〇〇五年頃には日本のアイドルやアニメのファンたちが使用するサイトが、イスラーム過激派によってかなり広く利用されていた。日本語を理解できない者がサービスを利用するために、イスラーム過激派諸派のファンと思しきアラブ人が作成したとみられる利用の手引書まで出回った[11]。

また、具体例を挙げることは控えるが、ムスリムの間でも人気の日本の漫画・アニメでの描写に「反イスラーム的」なものが含まれたり、イスラームを象徴する物品の扱いがムスリムの読者・視聴者の間で話題になったりして、「炎上」を呼びかねない事態に至った事例もある。筆者はシリアで勤務していた当時、日本のアニメキャラクターの動物の発する音声に反イスラーム的な意味があると逐一主張する対訳表が出回っていたのを見聞したことがある。このように、日本の漫画やアニメ、ゲームの描写やキャラクター、日本で提供されるサービスが、提供する側の意志とは無関係に「テロとの戦い」の戦場の一部になっていったこともあったのだ。

反応次第で脅威は増減する

テロ攻撃の成否の判断では、敵方の世論に与えた反響、すなわち報道機関への露出の多寡が重要な要素であることに鑑みると、日本人（権益）への攻撃や脅迫にどのように反応するかは、その後の対日脅威の増減に大きな影響を及ぼす。つまり、日本の報道機関や世論が過剰に反応すれば、イスラーム過激派は日本に対するテロ行為が有効だと判断し、さらなる攻撃や脅迫を誘発することにもなりかねない。イスラーム過激派が日本人（権益）への攻撃や脅迫について発信した声明類を詳細に分析して彼らの意図や声明類の真贋を判断することは、過剰な反応だけでなく将来の攻撃を抑制するためにも有用である。

声明類の分析の例としては、ホルムズ海峡で発生した日本企業が所有するタンカーへの攻撃事件（二〇一〇年七月）がある。この事件については、アブドゥッラー・アッザーム部隊を名乗る団体が犯行声明を発表した。アブドゥッラー・アッザームとは、一九七九年のソ連によるアフガニスタン侵攻に対抗するアラブ・ムスリムのムジャーヒドゥーンを世界中から集め、彼らをソ連軍との戦いに向かわせた、現代のイスラーム過激派の原点ともいうべき有名人である。それゆえ、同人の名前を冠したイスラーム過激派団体は、その真贋を問わずいろいろな場所・機会に現れた。

この事件で犯行声明を発表したアブドゥッラー・アッザーム部隊は、二〇〇九年頃からレバノンで活動していると称する団体で、当初は「イスラエルを砲撃しようとしたが砲弾やロケット弾の発射に失敗した」などというほほえましくもある声明を書く作家さんのような存在だった。それが、ホルムズ海峡でのタンカー攻撃について犯行声明を発表したことにより、（少なくとも日本にとっては）俄然重要な団体になりおおせたのである。

事件の概要や、本当に爆破されたのか否かについては諸説あるのでここでは論じない。ただ、アブドゥッラー・アッザーム部隊の活動は実際の戦果を伴わない犯行声明の発表がほとんどで、ホルムズ海峡の事件についても声明に添付された画像のできばえの悪さから、信憑性は極めて低いと判断すべきものだった。同派は二〇一三年の在レバノン・イラン大使館爆破事件の犯行声明を発表するなどして、レバノンやシリアでアル＝カーイダの系列団体としての地位を確立していったが、その後の活動は低迷した。

同派はレバノン、シリアとその周辺を包括するシャーム地域で活動していると称したものの、肝心のシリアでの活動はヌスラ戦線や「イスラーム国」、シャーム自由人運動のような、別のイスラーム過激派諸派が主役となった。レバノン情勢やシリア紛争関連では、ヒズブッラーやシーア派を罵る作品を発信したが、実際の戦果を伴うものは少なかった。実績が乏しいなか、アブドゥッラー・アッザーム部隊はシリアで展開したイスラーム過激派諸派間の抗争でも蚊帳の外に置かれた。そして、ついに二〇一九年一一月、アブドゥッラー・アッザーム部隊は他のイスラーム過激派に合流したり、吸収合併されたりすることもなく、誰からも顧みられないかのように「完全解散」を宣言した。

アブドゥッラー・アッザーム部隊の消滅から得るべき教訓は、さしたる戦果もなく、信憑性の低さなどにより視聴者から広報が相手にされなくなれば、どんな著名な団体でも、イスラーム過激派は生きていけないということだ。[12] そして、イスラーム過激派諸派の声明類の精読により、信憑性をしっかり判断すれば、脅迫や犯行声明に過剰反応してしまう可能性を下げることができるということだ。

日本人（権益）への攻撃を巡る広報の分析

イスラーム過激派による日本人（権益）への攻撃で、戦果と広報を連動させた事例もあった。「イスラーム国」による日本人二人の誘拐・処刑事件（二〇一四年八月～一五年一月）では、処刑動画と同時に日本への敵意表明とさらなる攻撃への脅迫があった。

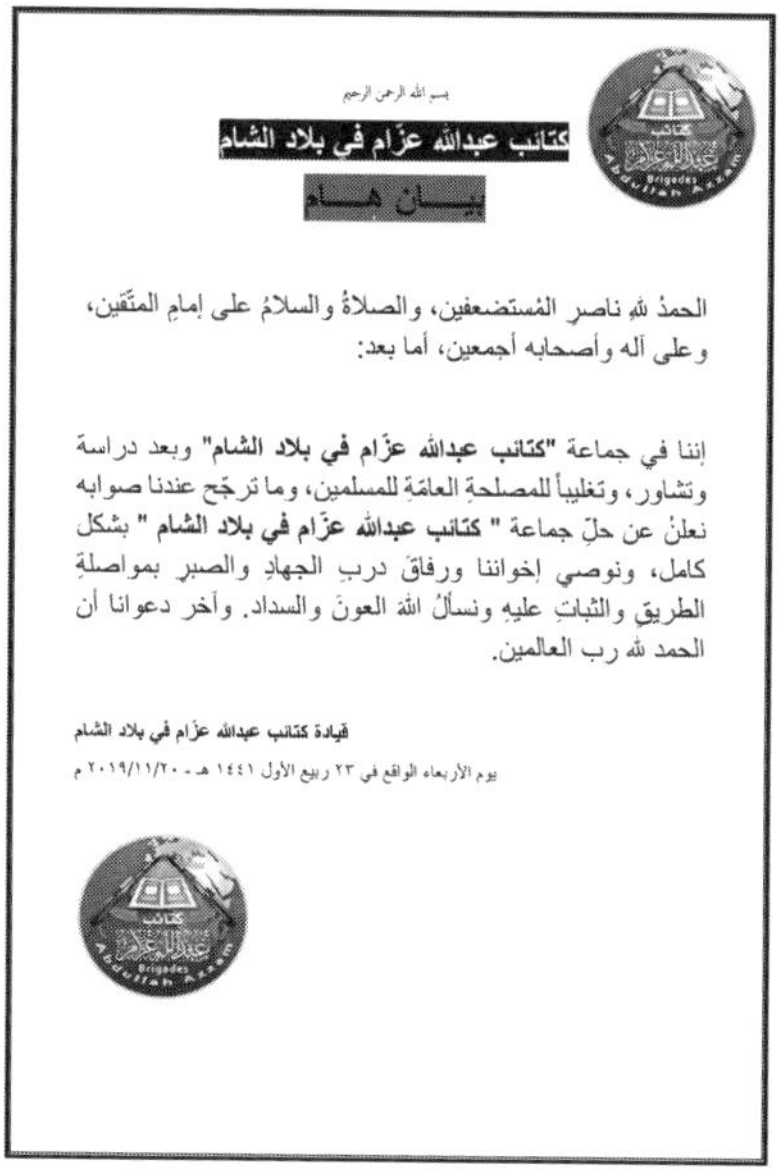

بسم الله الرحمن الرحيم

كتائب عبدالله عزّام في بلاد الشام

بيـــان هـــام

الحمدُ للهِ ناصرِ المُستضعفين، والصلاةُ والسلامُ على إمامِ المتّقين، وعلى آله وأصحابه أجمعين، أما بعد:

إننا في جماعة "**كتائب عبدالله عزّام في بلاد الشام**" وبعد دراسة وتشاور، وتغليباً للمصلحةِ العامّةِ للمسلمين، وما ترجّح عندنا صوابه نعلنُ عن حلِّ جماعة " **كتائب عبدالله عزّام في بلاد الشام** " بشكل كامل، ونوصي إخواننا ورفاقَ دربِ الجهادِ والصبرِ بمواصلةِ الطريقِ والثباتِ عليهِ ونسألُ الله العونَ والسداد. وآخر دعوانا أن الحمد لله رب العالمين.

قيادة كتائب عبدالله عزّام في بلاد الشام

يوم الأربعاء الواقع في ٢٣ ربيع الأول ١٤٤١ هـ - ٢٠١٩/١١/٢٠ م

画像2　2019年11月20日付アブドゥッラー・アッザーム部隊の解散声明

しかし、多数が犠牲になったにもかかわらず、日本人（権益）を攻撃する意図や、その損害を事後の広報に反映させたことがない事件も複数みられる。例えば、アルジェリア南部で石油施設が襲撃されたイナメナス事件（二〇一三年一月、日本人一〇人が死亡）では、事件を引き起こしたムラービトゥーンを名乗る集団は、事件経過と連動した広報を行わなかっただけでなく、ずっと後の二〇一五年四月に発表した事件についての資料や調査報告書でも、日本人（権益）について一言も触れなかった。なお、ムラービトゥーンは、イスラーム的マグリブのアル＝カーイダと連携していた団体で、二〇一五年一二月にイスラーム的マグリブのアル＝カーイダに合流した。

チュニジアで発生したバルドー博物館襲撃事件（二〇一五年三月、日本人三人が死亡）も、後に「イスラーム国」が英字機関誌『ダービク』八号で日本も含む犠牲者の国籍を挙げて十字軍同盟を攻撃したと主張したが、事件当初に正式な様式の犯行声明は出回らなかった。

また、「イスラーム国　バングラデシュ」名義で犯行声明が発表されたバングラデシュでのレストラン襲撃事件（二〇一六年七月、日本人七人が死亡。日本の大学に勤務していたバングラデシュ人の男性が「イスラーム国」の活動家として事件に関わったことが疑われた）でも、犯行声明や事後の「イスラーム国」の広報でこの事件について日本が言及されたことはほとんどなかった。これは、二〇一五年一〇月にバングラデシュで日本人一人が殺害された際に、「イスラーム国　バングラデシュ」名義の犯行声明で、被害者を入念に追跡したと主張し、その氏名まで公表したことや、後日英字機関誌『ダービク』一二号でも事件に言及したことと好対照をなす。このような広報のやり方を見れば、イナメナス事件やバングラデシュでのレストラン襲撃事件で、攻撃対象として日本が全くといっていいほど意識されていないこと、犯行の主体が脅迫したり要求を出したりする対象として重視されていないことがわかる。いずれの事件も、事件直後には日本人（権益）こそが主要な攻撃対象であるかのように論じる報道もみられたが、テロ行為による脅迫に動揺しやすい社会こそがテロリストにとって格好の攻撃対象となる。情報の精緻な分析に基づく抑制された反応と、そして何よりも、事前に攻撃や脅迫の兆候をつかみ被害を回避・軽減する努力こそが必要であることが教訓として残った。

6 アル＝カーイダの迷走と衰退

二〇一〇年代の「テロとの戦い」の特徴の一つは、アル＝カーイダの衰退である。その原因としては、ビン・ラーディンの殺害（二〇一一年五月）に代表されるように、アル＝カーイダの活動家のなかで名声や威信の高かった者たちが次々と殺害されたことと、アル＝カーイダ諸派がアラブの春に伴う政治変動と社会の混乱に的確に対応できなかったことが考えられる。もちろん、アル＝カーイダは自派の衰退と低迷に拱手していたわけではない。むしろ、新たな加入や親しいイスラーム過激派諸派の統合や再編を推進することにより、勢力の拡大に努めてきたといえる。以下では、二〇一〇年代にアル＝カーイダが様々な試みにもかかわらず「テロとの戦い」の主役の座から転落していく過程を、同派や関連諸派が発信した声明類を通じて分析する。

アル＝カーイダによる劣勢挽回の試み

第二章で検討した通り、アル＝カーイダは二〇〇九年頃から顕著な戦果を上げることができず、著名な活動家による時事論評や攻撃扇動の演説を発信するにとどまる傾向が強まっていた。そうしたなかでも同派は、自らの活動やメッセージが広がっているという実績を上げようとし続けた。それまでは正式な忠誠表明がなかったソマリアのシャバーブ運動がアル＝カーイダに加入したこと（二〇一二年二月）は、アル＝カーイダにとって好材料だった。以後、シャバーブ運動はソマリアとその周辺での欧米権益に対する攻撃の戦果をアル＝カーイダの扇動に関連付けて発表するなど、アル＝カーイダに対する広報上の責務を果たすようになる。

新たなアル＝カーイダの系列団体も結成された。それがインド亜大陸のアル＝カーイダであり、その結成はアル＝カーイダの指導者のザワーヒリーが直々に発表した。同派の「デビュー戦」は、インド洋で「テロとの戦い」を行うアメリカ海軍への攻撃を意図したカラチでのパキスタン海軍襲撃事件（二〇一四年九月）という華々しいものだった。

その上、アル＝カーイダはサハーブ広報製作機構を通じて機関誌『リサージェンス』を刊行し（二〇一四年一〇月）、そのなかでジブラルタル海峡、ホルムズ海峡、バーブ・マンダブ海峡、スエズ運河、マラッカ海峡、ボスポラス海峡・ダーダネルス海峡からなる世界の石油輸送航路の要衝五カ所がムスリムの地を通過していることを指摘し、沖縄を含むその周辺のアメリカ軍基地の立地について考察する記事を掲載した。▼13 インド洋上での作戦行動は、この海域で活動する自衛隊艦船や、スエズ運河・アラビア半島と日本を結ぶ海上交易路を対象とするという意味で日本だけでなく国際的な反響を呼びうるものだった。ただし、その後のインド亜大陸のアル＝カーイダは、一応活発に活動しているものの海洋権益に対する攻撃は行わず、作戦行動も広報も国際的な反響を呼ぶ水準に達していない。

事前の脅迫・作戦の実行・事後の宣伝を連動させた攻撃としては、アラビア半島のアル＝カーイダによるシャルリー・エブド社襲撃事件（二〇一五年一月）もアル＝カーイダの能力の誇示や威信の向上のための試みとして位置付けられるだろう。なお、二〇一七年四月にロシアのサンクト・ペテルブルクの地下鉄で爆破事件が発生したが、これについて「イマーム・シャーミル部隊」名義で「アイマン・ザワーヒリー師の指示の下」作戦を実行したと主張する声明が出回った。こちらもアル＝カーイダが衰退するなかで国際的な反響を呼ぼうとする試みといえるだろう。

マグリブでの動向

イナメナス事件（二〇一三年一月）をはじめとする、アルジェリアにおける外国資本の天然資源権益への攻撃や、アルジェリアからサヘル地域にかけてのイスラーム過激派諸派の統合・再編も、アル＝カーイダの劣勢挽回の試みとして分析することができる。

アルジェリアやサヘル地域では、二〇一二年秋にフランス軍によるマリでの紛争への本格的な介入が取り沙汰されると、イスラーム的マグリブのアル＝カーイダをはじめとするイスラーム過激派による脅迫や攻撃扇動が相次いでいた。前述のイナメナス事件の実行主体は、ムフタール・ベルムフタール率いる一団がイスラーム的マグリブのアル＝カーイダから分離して活動していたものと考えられている。この団体は、血判部隊、覆面部隊、ムラービトゥーンなど様々な名称で知られていたが、「イスラーム国」

がカリフ国を僭称するとこれに同調せず、アル＝カーイダに接近して二〇一五年一二月にイスラーム的マグリブのアル＝カーイダに再度合流した。その後、イスラーム的マグリブのアル＝カーイダはアルジェリア南部でイギリスとノルウェーの企業が操業する天然ガス施設への砲撃事件（二〇一六年三月）についての犯行声明で、イナメナス事件に言及して外国企業を脅迫した。▼14

また、アル＝カーイダはサヘル地域でのイスラーム過激派諸派の統合・再編を推進し、この努力は二〇一七年三月にイスラームとムスリム支援団（ＪＮＩＭ）がイスラーム的マグリブのアル＝カーイダの下部団体として結成されたことで結実した。

止まらない衰退

しかしながら、アル＝カーイダによる新規加入やイスラーム過激派の統合・再編の努力は、同派の衰退を打開する結果を残すことができなかった。特に、シリアにおけるイスラーム過激派諸派の相互関係への関与は、アル＝カーイダの権威や影響力の低下、ひいては「テロとの戦い」の変質や当事国による「テロとの戦い」の恣意的利用を際立たせた。

シリアにおけるアル＝カーイダであるヌスラ戦線が、当初は現在の「イスラーム国」の名義を隠したフロント団体としてシリアに姿を現し、その後「イスラーム国」と決裂して独自にアル＝カーイダへの忠誠を表明したことは先に触れた。しかし、シリア紛争の現場で政権打倒を目指す反体制派の武装勢力の主力が「イスラーム国」やヌスラ戦線であるという事実は、反体制派を支援する諸国にとっては都合の悪いことだった。なぜなら、各国がシリアにおける反体制派を支援することは、「テロとの戦い」で敵対しているイスラーム過激派を利することにほかならなかったからだ。

この状況に対し、一部の諸国は「ヌスラ戦線をアル＝カーイダから離脱させる」という策略で対処しようとした。アメリカはヌスラ戦線をテロ組織に指定しているが、どのような団体をテロ組織とみなして対策をとるかは個々の政府が判断する問題である。ここに、アル＝カーイダから離脱したからにはヌスラ戦線はテロ組織ではない（だから支援してもかまわない）という論法が成り立つのである。こうして、ヌスラ戦線はアル＝カーイダと分離した旨を発表した（二〇一六年七月）。ところが、この分離と同時に、当のヌスラ戦線からザワーヒリーの代理人と称する人物により件の分離措置に「理解を示す」演説が発表されたため、分離はアル＝カーイダも承知の上の偽装であることが疑われた。

その後、ヌスラ戦線はシャーム征服戦線（二〇一六年七月）、シャーム解放機構（二〇一七年一月）へと改称し、トルコの支援を受けつつシリア北西のイドリブ県とその周辺で対立する武装勢力諸派を制圧・排除して、同地における権力独占を図った。しかし、イドリブ県を中心とする反体制派の「解放区」はシリア政府の攻勢により次第に縮小したため、シャーム解放機構と他の武装勢力との抗争はアル＝カーイダから見れば敵方を利する行為に過ぎなかった。

アル＝カーイダが二〇一六年七月の分離を偽装分離と認識していたことは明らかである。そのため、イドリブ県におけるイスラーム過激派諸派間の抗争の調停で、アル＝カーイダはシャーム解放機構に指揮権を行使して戦闘を停止させようとした。ザワーヒリーは他のイスラーム過激派を制圧しようとするシャーム解放機構の振る舞いについて、「ムジャーヒドゥーンは要求したことをなにも実現していない」と論評して同派とアル＝カーイダとの「偽装」分離が効果を上げていないと非難した（二〇一七年一一月）。アル＝カーイダは、ヌスラ戦線が自派との分離を装うことによって各国政府からの支援を受け、シリア政府に対する戦果を上げることを期待していたはずである。ところが、ヌスラ戦線はそうした期待に反して、アル＝カーイダと親しい諸派も含む反体制派武装勢力の制圧に注力するようになったのである。また、ザワーヒリーは、ヌスラ戦線時代に行われた忠誠の表明は秘密のものでも取り消しが効くものでもないと述べ、シャーム解放機構に対する自らの優越を主張し続けた。

一方、シャーム解放機構は二〇一七年二月の段階で、自派は独立の組織で、いかなる組織の代理でもないと主張し、イドリブ県での権力確保を進めた。その結果、シャーム自由人運動、宗教擁護者機構（二〇一八年二月にシャーム解放機構から離脱）、アンサール・イスラーム団などのアル＝カーイダと親しい諸派も含め、シャーム解放機構と対立した諸派はいずれも敗退して活動が低迷した。シャーム解放機構がトルコの支援を受けてイドリブ県での覇権を確立することは、イスラーム過激派として打倒すべき既存の政府（この場合はトルコ政府）と協力することに過ぎなかったし、アル＝カーイダがシャーム解放機構を統制できなかったことは、アル＝カーイダの威信の低下を加速した。

アル＝カーイダの広報の限界

二〇一〇年代のアル＝カーイダの衰退は、著名活動家に頼って広報を展開する同派の広報戦術が限界に達したことで一層明瞭となった。アル＝カーイダの広報は、世界的に著名なビン・ラーディンやザワーヒリー、イスラーム過激派としてアフガニスタンでの対ソ連ジハードのほか出身国での活動歴、逮捕・収監歴がある著名活動家だったムスタファー・アブー・ヤズィードらが動画・音声・文書を発信することで営まれており、彼らの名声や威信は広報が支持者やファンに受容される要因といえた。アラビア半島のアル＝カーイダの幹部の多くもサウディアラビアやイエメンでの活動・収監歴のある者たちで、アンワル・アウラキーのように、戦場での実績が乏しいにもかかわらずアメリカ当局が脅威を喧伝することで名声を博した者は例外的存在だった。

こうしたアル＝カーイダの広報のスター選手ともいうべき著名活動家たちは、「テロとの戦い」のなかで次々とアメリカ軍によって殺害されていった。アブー・ヤズィード（二〇一〇年五月）、ビン・ラーディン（二〇一一年五月）が殺害された上、ビン・ラーディンやザワーヒリーに次ぐ存在として演説などを盛んに発信していたアブー・ヤフヤー・リービーも殺害された（二〇一二年六月）。

さらに、アメリカ出身でアル＝カーイダ総司令部の広報と英語での発信の中心人物だったアッザーム・アムリーキー（アダム・ガダン）が二〇一五年一月に殺害された。同人の死により、アル＝カーイダが長年広報に利用し、イスラーム過激派の間で著名だった掲示板サイトの一つは消滅に追い込まれた。このような事態は、アル＝カーイダ総司令部とされる集団の下に物理的に集結できるイスラーム過激派の者の減少と、アル＝カーイダの広報を担う著名活動家の払底を意味した。

アル＝カーイダは、広報の新たな担い手としてビン・ラーディンの息子の一人であるハムザ・ビン・ラーディンの起用を図った。ハムザは、二〇一五年八月にザワーヒリーの紹介を受けて同人の演説で「共演」したことを契機にアル＝カーイダの広報場裏に登場するようになった。ところが、二〇一八年三月を最後に突如広報に現れなくなり、二〇一九年七月にアメリカ当局がハムザの死亡説を発表した際にも、アル＝カーイダは同人の生死の確認をすることなく現在に至っている。

人材の枯渇により活力を失ったアル＝カーイダの広報は、指導者や報道官すら経歴が不詳かつ動画や音声に現れることが稀な「イスラーム国」による、末端の構成員が一度きり出演する形式の動画や画像をSNSなどでまさに乱発するという手法に圧倒され、視聴者を失っていった。その上、過去の実績に縋るだけで、現時点で戦果を上げることができていない古株の活動家が長時間にわたって演説するという広報は、携帯端末やSNSが普及して短時間の動画視聴に慣れた近年の視聴者を引きつけることができず[15]、この点も、アル＝カーイダの限界といえるだろう。なお、二〇二二年八月にはアメリカがザワーヒリーを殺害したと発表したが、アル＝カーイダも、イスラーム過激派の支持者・ファンも、もはやザワーヒリーの生死の確認や功績の顕彰をしようとしなかった。

アル＝カーイダとアラブの春

アラブの春をどのように認識し、どう対応するかについてブレや迷走がみられた点も、二〇一〇年代のアル＝カーイダの衰退の一因である。アラブの春自体は、それを経験した諸国において政治の混乱や武力紛争を招き、当初抗議行動に決起した人々が欲した自由・公正・尊厳を保証する政治体制の樹立・維持に失敗した。その結果、混乱に乗じて「イスラーム国」が勢力を伸ばした。しかし、アル＝カーイダはアラブの春後の混乱で政治的に路頭に迷ったともいえるアラブ諸国の人々、特に若者たちを惹きつけることに失敗した。

当初アル＝カーイダは、チュニジア、エジプト、リビアなどで長期政権に対する抗議行動が勃発し、各国の首長が政権の座から追われるのを歓迎した。その一方で、革命の背後にアル＝カーイダがいるとの中傷を避けるためと称して、抗議行動と自派との連携を否定し、広報上の言辞で抗議行動を応援するという態度をとった。アルジェリアの人民に決起を呼びかけたイスラーム的マグリブのアル＝カーイダの指導者のアブー・ムスアブ・アブドゥルウドゥードが、「都市で抗議行動に出る者たち」と「山地に立て籠もるムジャーヒドゥーン」という表現でアルジェリア人民と自派とを明確に区別した（二〇一一年一月）ことがアル＝カーイダの情勢認識を象徴していた。

また、イスラーム過激派、特にアル＝カーイダにとっては、武装闘争のみによって打倒すべきアラブ諸国の圧政が、彼らが活動の手法として採用するテロリズム（イスラーム過激派にとってはジハード）の対極に位置する政治行動である平和的抗議行動によって打倒されたという現象は、自らの存在意義が否定されかねない深刻な事態であった。そこで、アル＝カーイダはザワーヒリーの演説（二〇一一年四月）で各国の「堕落した」政権が長期間存続した理由を、「アラブ諸国の政権は十字軍・シオニストの手先であり、彼らの利益を確保する限り、どのような政体であっても存続を許される」と述べた上で、「イスラーム法によって統治され、十字軍・シオニストの権益を排除する政権が必要だ」と主張した。また、ビン・ラーディンの最後の演説となった二〇一一年五月一九日に流布した演説では、抗議行動をイスラーム共同体全体に行き渡らせるために支援・調整活動が必要だとの方針が示された。[16]

これらは、アラブの春をアル＝カーイダなりに解釈し、抗議行動を革命と称賛しそのエネルギーをイスラーム統治の実現に向けて教化すべきであるとの活動方針を打ち出す努力の一環と思われる。しかし、ビン・ラーディンの演説ではアル＝カーイダの信条とは相容れない世俗的な革命の擁護すら謳われており、アル＝カーイダの存在意義を問うような状況の変化に便乗・迎合を試みて、闘争方針をブレさせたともいえる。結局、長期間にわたりアラブ諸国の若者たちのほとんどと隔絶した遠隔地で武装闘争に従事してきたアル＝カーイダの活動家たちが、若者たちを教化することはかなわなかった。SNS上の短いメッセージのやり取りに慣れた世代に対し、アル＝カーイダの活動家たちの長時間の演説がどの程度訴求力があったのかも大いに疑問である。

アル＝カーイダの失策

アル＝カーイダと「イスラーム国」との対立の項でも触れた通り、アル＝カーイダ（特にザワーヒリー）は、アラブの春後の混乱に乗じて支持を拡大する上で失策を犯した。さらに前述の通り、公式に出回った演説ではないが、「イスラーム国」とヌスラ戦線との対立に際し、ザワーヒリーが前者はイラクを、後者はシリアを担当するよう指示したという情報は大手報道機関を通じて広く流布した。イラクやシリアという既存の国家とその国境は、イスラーム過激派にとっては十字軍の侵略によって押し付けられた打倒・破壊の対象に過ぎないはずである。イスラーム過激派の活動の単位としてイラクやシリアという既存の国家の枠組みを設定することは、アル＝カーイダとザワーヒリーの重大な思想的敗北とすらいえる。これに対し、「イスラーム国」は二〇一四年夏に、占拠したイラクとシリアとの国境地帯にあった土塁や通関施設を重機で破壊する動画を大々的に発表し、これがイスラーム過激派から大きな支持を受けた。

二〇一〇年代のアル＝カーイダの広報活動を精読することは、この間の同派の活動と思想の両面での限界を確認する作業でもあった。

7　イスラーム過激派の食卓

イスラーム過激派が発信する声明類の質的な観察で興味深いことの一つに、彼らが日頃どのように暮らしているのか、何をどのように食べているのかについての資料の分析がある。

イスラーム過激派の者たちが、特に戦場やそれに近い拠点での彼らの暮らしぶり・食生活についての情報を発信するのは、もちろん広報の一環である。その目的は、厳しい環境でもジハードに献身する姿を称揚する、（例えば家事労働力として近隣の一般女性を拉致監禁しているなどの）敵対者からの非難を退ける、ジハードに邁進するために充実した環境や待遇を保証する能力があることを宣伝するなど、情報を発信する主体の意図や状況によって様々である。特に、「イスラーム国」にとっては、イラクやシリアに外部から人員を引き寄せるためにも、現地での快適な生活を広報する必要があった[17]。

また、「イスラーム国」のように戦闘員だけでなく組織の経営や経済活動、統治のための機構を擁する団体にとっては、構成員に住居や食事を供給する体制を構築し、それを機能させることが不可欠だった。このため、イラクやシリアで「イスラーム国」が構成員たちの日常生活の一端として発信した彼らの食事についての動画や画像からは、資源を調達して戦場や構成員に配分する「イスラーム国」の兵站能力を知る上で極めて重要な情報が得られる。

画像3　新たに「イスラーム国」に合流した者を含む大勢の者が、清潔そうな部屋で肉・果物・清涼飲料水などからなる食卓を囲んでいる。

隆盛期の「イスラーム国」の食卓

イラクやシリアで都市部を含む広範囲を占拠していた頃の「イスラーム国」は、大人数の構成員のために大規模かつ組織的に食事を供給していた。画像3は、イラクのアンバール県ファッルージャで活動していた下部組織に到着した外国人の構成員（移住者＝ムハージルーン）を食事でもてなす場面である。画像には「ムジャーヒドの観光」とのタイトルが付されており、「イスラーム国」に合流し、その下で活動することが観光旅行同然の安全で快適なものであるかのように描写されている。

同様に、画像4は二〇一四年のラマダーン（断食月）に当時「イスラーム国」が占拠して「ハイル」と呼んでいたシリアのダイル・ザウル県で、同派が運営する給食施設の一つを訪問したと称する画像である。この画像からは、厨房で大人数のために調理がなされていることがわかる。

画像5、画像6は、それぞれイラクのアンバール

画像4　厨房では、調理・配膳を担当する職員が鶏肉をのせた炊き込みご飯を多数のプラスチックトレイに盛りつけている。炊き込みご飯を調理したと思われる鍋も、かなり大型のものである。

画像5　アンバール県での食事の配膳場面。床一面に鶏肉をのせた炊き込みご飯を盛りつけたトレイが並んでいる。作業場にあるモニターでは、「イスラーム国」が製作したプロパガンダ動画が再生されている。

إعداد وتجهيز الطعام للإخوة المرابطين

画像6　ダマスカスの市街地で、大衆食堂のような施設を使用して配膳をする模様。鶏肉のせ炊き込みご飯を盛ったトレイが調理台一杯に並べられ、飲食店で使用される大型の調理器具が用いられている。

県とシリアのダマスカスでの模様である。いずれの画像にも前線の拠点にいる仲間たちのための食事の準備との趣旨の字幕がつけられており、多数の戦闘員のための食材調達・調理・配膳・配達を担当する部署と人員が存在したことを示している。

「イスラーム国」が占拠したモスル市のあるイラクのニナワ県や、報道機関などで「イスラーム国」の〝事実上の首都〟という奇妙な位置付けをされたシリアのラッカ市を含む地域の様子については、料理や食材を車両で運搬して拠点に配布する画像も発表された（画像7はニナワ、画像8と画像9はラッカ県の模様）。重要な点は、二〇一七年秋頃までの「イスラーム国」は、ファッルージャ、モスル、ダマスカス、ラッカのような都市部で、前線の戦闘員・拠点に食事を供給する後方拠点と兵站能力を持っていたことである。

衰退期の「イスラーム国」の食卓

しかし、「イスラーム国」がモスルやラッカのような

画像７　ニナワ県で前線の拠点に供給するための食事の画像。車両の荷台一面に、ご飯、フライドポテト、スープが並べられている。

画像８　ラッカ県で前線の拠点に供給するための食事の画像。車両の荷台に、鶏卵、トマトなどの野菜類、漬物が満載されている。

画像９　ラッカ県で前線の拠点に供給するための食事の画像。鶏肉をのせた炊き込みご飯を盛りつけたトレイが床に多数積み上げられている。

比較的人口の多い都市部から排除されていくと、ここまでに挙げたような組織的な兵站機能の存在を示す画像類は発表されなくなる。兵站・給食施設からの食事の配布が受けられないと思われる前線の戦闘員たちは、拠点ごとに数人から十数人分の食事を、自ら食材を調達し、拠点で調理していた。調理の方法は、画像10のように焚火や石で簡易的に組んだかまどを熱源とするもので、画像11の通り、できあがった料理は専門の施設や人員が調理した料理のできばえとは明らかに異なる。

　このように、イラク・シリアにおける「イスラーム国」の者たちの食事の風景は、同派の占拠地域が縮小し、勢力が衰退していくにしたがって貧しいものになっていく。画像12は、イラク・シリアにおける「イスラーム国」の最後の占拠地とされるシリアのダイル・ザウル県バーグーズが制圧される直前に発表された動画の一部である。動画では豆のようなものの水煮を数粒ずつ盛りつける場面が映し出されている。大規模な兵站組織・施設から個別の集団単位での食材調達・調理へ、そしてそれもままならない状態へ

画像 10　イラクのデジュラで活動する「イスラーム国」の調理場面。野外の焚火で、肉を炒める調理と肉を煮込む調理をしている。

画像 11　イラクのキルクーク県で活動する「イスラーム国」の食事風景。竹のようなものを建材とする粗末な小屋のなかで、6 人の構成員が大皿に盛りつけられた肉のせ炊き込みご飯のようなものを囲んでいる。肉は焼き過ぎて黒焦げになった小片と化している。

画像12　露天の焚火で水煮にした豆を盛りつける様子。ごくわずかな豆を大人数で分け合っているようで、豆は配膳をする者が持っている大き目の皿に数粒盛られるに過ぎない。

の転変は、「国家」を自称するほどの組織を構築した「イスラーム国」がその組織力を喪失していった過程を如実に示している。

世界各地の「イスラーム国」の食卓

無論、イラクとシリアにおける占拠地域の解消をもって「イスラーム国」が壊滅したわけではなかった。「イスラーム国」は本書を執筆している二〇二二年秋の時点でも活動しており、戦果発表をはじめとする広報活動を続けている。また、同派は世界各地に散在する「イスラーム国」の「州」での構成員らの暮らしぶりを示す画像類も発信し続けており、それらはラマダーンやラマダーン明けの祝祭、犠牲祭という、ムスリムにとってのお祝い事の模様を収めたものが多い。構成員らが祝祭を喜ぶ場面である以上、食事の量や質は画像を発信した「イスラーム国」の諸州にとって最大限のごちそうである可能性が高い。つまり、画像群を観察することにより、「イスラーム国」諸州の食事を提供する能力の最大限を知る

画像13　見通しのいい平原に、目出し帽を着用し模型のライフル銃を構える少年10人以上が映し出されている。軍事教練の一幕。

ことができる。この観察により、世界の様々な場所での「イスラーム国」の拡大・復活・勢力伸張の実態を分析することができるだろう。

この観点から考察すると、二〇二〇〜二二年にかけて最も勢力を伸ばしていると思われるのは、ナイジェリア北東部を中心とする地域で活動する「イスラーム国　西アフリカ州」である。画像13は、この集団が二〇二二年一月に発表した「勝利の世代」と題する動画の一部である。

動画は、いずこからか多数の少年を集め、軍事教練やアラビア語、イスラーム法の教育を施す内容だが、少年らは施設に寄宿している模様で、動画中では朝と昼の食事が提供されている。この事実が示すのは、「イスラーム国　西アフリカ州」には多数の非戦闘員を駆り集めて施設に収容し、彼らに食事を提供するだけの財力と組織力、運営能力があるということだ。ナイジェリアを含むサヘル地域は、「イスラーム国」による占拠地域の拡大という観点からは、「テロとの戦い」の最前線とすべき地域である。▼18

「イスラーム国」の諸州は、フィリピン、インド、パキスタン、イラク、シリア、イエメン、エジプト、ソマリア、リビア、サヘル地

画像14　シリアのホムス県での調理場面。屋内で調理しているようだが、電気やガスの供給を受けているようには思われない。熾火の上に金属製の網を立て、そこでパンを焼いている。

域、コンゴやモザンビークなど、世界中から食事風景を発信した。そこで好まれる食材や料理、調理の方法や食事の方法も各地の状況を反映している。画像14は、シリアで現在「イスラーム国　シャーム州」を名乗って活動している集団が発信したものだ。大量の料理を一括して調理しているように見え、安定した潜伏場所を確保しているように思われる。ただし、画像の通り調理にはガス器具ではなく薪や炭が用いられており、彼らの潜伏地はガスボンベや電力が容易に調達できない僻地であることが示されている。

「イスラーム国　イラク州」では、イラクの中部から北部にかけての様々な地域で多くの集団が活動しているが、調達可能な食材や利用する調理器具は集団ごとに大きく異なり、イラク国内でも「イスラーム国」の活動状況に大きなムラがあることがわかる。画像15のようにガスを熱源とすると思われるパン焼き機を使用する集団がある一方、画像16のように野外で焚火して調理する集団もある。さらに、画像17のように本来は

画像15　キルクークでパンを焼く「イスラーム国」の者。野外で調理しているが、プロパンガスを利用する大型のパン焼き機を使っている。

画像16　デジュラでの調理場面。岩山か洞窟の壁面を利用し、焚火で肉のようなものを煮ている。

画像17　バグダード北方で鶏肉を焼く場面。熾火の上に手近なところで調達した石と木で焼き台をつくり、鶏肉を刺す串も木の枝を切り出して金属製の串の代用としている。

金属製の串を使用するところを、手近なところで切り出した木の枝で代用して肉を調理する集団もある。また、画像18は左端に太陽光発電パネルが映り込んでおり、パネルはパトロール隊や戦闘隊が持ち運ぶには大きすぎるように見えるため、電力供給がない拠点での暮らしであることがわかる。

　これらの画像は、現在はイラクやシリアにおける「イスラーム国」の構成員の多くが、厨房設備やガス、電力の供給を確保した拠点を持たず、比較的小規模な集団単位で野外かそれに近い露営地のようなところに潜伏して活動する水準にとどまっていることを示している。

　モザンビークとコンゴでは、二〇一九年から「中央アフリカ州」を名乗る「イスラーム国」の集団が活動をするようになった。「中央アフリカ州」も活発に戦果を発信して勢力を伸ばしているように見えるが、同派の名義で発信された画像19、20の食事風景は、木の枝でパン焼き用の鉄板を支えたり、食器ではなくビニ

画像18　イラクでの食事の模様。5人ほどで肉、野菜、パン、清涼飲料水からなる食事を囲んでいる。食事場所は露営地のテントと思われるが、簡易性の太陽電池パネルが映り込んでおり、電源の確保が困難な場所であることがわかる。

画像19　「中央アフリカ州」でパンを焼く模様。焚火の上に木の枝と小さな鉄板で台を組み、そこでパンを焼いている。

画像20　「中央アフリカ州」の食事風景。ビニールシートに混ぜご飯なようなものを盛りつけ、それを７人ほどで囲んでいる。

ールシートに料理を盛りつけたりするなど、移動性の高さが追求されている。粗末な器具を用いて野外で食事する風景は、「イスラーム国」の広報場裏で「中央アフリカ州」の戦果の占める地位が向上傾向にあるにもかかわらず、肝心の現地の活動を支える兵站機能がそれに見合うほど整備されていないことを示していると思われる。多数の戦果、敵を多数殺傷する戦果を上げたとしても、それを支える拠点や兵站機能が貧弱ならば、占拠地域を広げることも、敵への攻撃を続けることも難しい。また、インターネット上で情報を得て「イスラーム国」に合流した者たちには、広報で紹介される恵まれた生活に惹きつけられた者もいたことから、このような食事風景が広報・勧誘に役立つかも疑問である。▼19

二〇二二年のラマダーンに生じた変調

二〇二二年のラマダーンには、食生活から「イスラーム国」の兵站能力や行動を知るという観点から興味深い画像群が発表された。画像21、22、23は、それぞれイラク、中

画像 21　イラクで「イスラーム国」の者が狩猟・漁労によって入手した獲物（鯉と山鳥）を掲げる模様。

画像 22　「中央アフリカ州」の食事で供された川魚料理。雑多な種類の魚を燻製にしたようなもの。

画像23　パキスタンで「イスラーム国」の者が漁網を用いて獲った鮒のような小魚。

央アフリカ、パキスタンという地理的に隔たる場所で活動する諸集団が発表した画像で、いずれも構成員が河川か湖沼での漁労によって食材を調達していると思われるものである。

　イラクには鯉の一種を用いたマスグーフという名物料理があり、アラブやムスリムの食卓に川魚が上ること自体は珍しくはない。しかし、「イスラーム国」の前線の戦闘員らが自ら漁労によって食材を調達することは、「イスラーム国」の兵站能力が衰退している、活動範囲や戦闘能力に見合う兵站機能を整備できていない、などの可能性を示唆している。また、地理的な隔たりを超えて最前線での漁労や川魚食という行動が流行したり共有されたりしていることは、「イスラーム国」の構成員の間で日常生活の細部に至るまで行動様式が共有されている可能性を示唆するという点でも興味深い[20]。

イスラーム過激派の食卓

「イスラーム国」以外のイスラーム過激派諸派も、時折食

画像24　アンサール・イスラーム団の配膳場面。パンに塗るヨーグルトや豆ペーストを、多数の袋とトレイに小分けにし、それを山積みしている。

事や構成員の日常生活についての動画や画像を発信する。これらを分析すると、イスラーム過激派諸派のなかには、明らかに本来の活動地域や当初の目的からは大きく離れた活動をしている団体があることがわかる。彼らの姿も、イスラーム過激派が「テロとの戦い」にいかに適応し、どのようにして生き延びてきたのかということの一端を示すものとして興味深い。

アンサール・イスラーム団の食卓

画像24は、第二章にてイラクで活動する有力団体として言及したアンサール・イスラーム団が二〇二〇年に発表した食事の準備風景である。画像の字幕には「ムジャーヒドゥーンの食事を準備するサービスの一幕」と書かれており、専門の施設と人員が食事の調理と配布に充てられていることがわかる。また、画像には大量のビニール袋やプラスチックトレイに小分けされた料理が準備されており、多数の構成員のために食事の準備をしていることもわかる。同派は、二〇二二

画像25　調理・配膳施設から車両で料理を運び、中継地点で料理の一部をバイクに乗った構成員に引き継いでいる。食事の配布が組織的に行われていることを示している。

年にいずこかの施設で調理した料理を車両やバイクを用いて最前線に配布する画像（画像25）も発表しており、ここにも相応に整備された兵站能力を持っていることが示されている。

さらに重要な点は、画像24と25は、いずれもアンサール・イスラーム団の当初の活動地のイラクではなく、シリアのラタキア県、イドリブ県での画像だということだ。この両県の一部は、シリア紛争における反体制派の占拠地域である。つまり、アンサール・イスラーム団は、イラクからシリアに、しかもシリアの反体制派の一部として移動し、現在はシリア領の一角を占拠して活動しているのである。これは、「イスラーム国」がシリア紛争に乗じてイラクからシリアへ進出したのと同様の行為であり、アンサール・イスラーム団も、「テロとの戦い」が破綻するなかで活動場所をイラクからより有利なシリアへと変更して生き残りを図ったといえる。[21]

トルキスタン・イスラーム党の食卓

画像26　建物のなかでシリア風のパンとは明らかに異なるパンを食べるトルキスタン・イスラーム党の者たち。

「テロとの戦い」を戦っているはずの諸国が、その相手であるイスラーム過激派を黙認・放任した例には、トルキスタン・イスラーム党もある。画像26は、トルキスタン・イスラーム党が二〇二〇年に発表した動画の一場面である。同派は、二〇一〇年頃まではアフガニスタンを主な拠点としており、「テロとの戦い」の初期にアメリカ軍に捕えられ「敵の戦闘員」としてキューバのグアンタナモ基地に収監されていた者たちに含まれる中国籍の者は、同派をはじめとするウイグル起源のイスラーム過激派の者たちと思われる。[22]同派が発表した動画や画像には、食材調達・調理・配布をどのように行っているのかはほとんど示されていないが、二〇二二年に出回った画像27、28にはそれぞれシリアのハマ県、ラタキア県との字幕が付されており、シリア領内の広範囲に複数の拠点を擁して活動していることは間違いない。イスラーム過激派にとっては、世界中どこであろうともイスラーム共同体への侵害行為は共同体全体を挙げて立ち向かうべき問題なので、トルキスタン・イスラーム党がシリアに現

画像 27　シリアのハマ県にあるトルキスタン・イスラーム党の前線拠点で供された食事。パンと豆の煮込みと思われる。

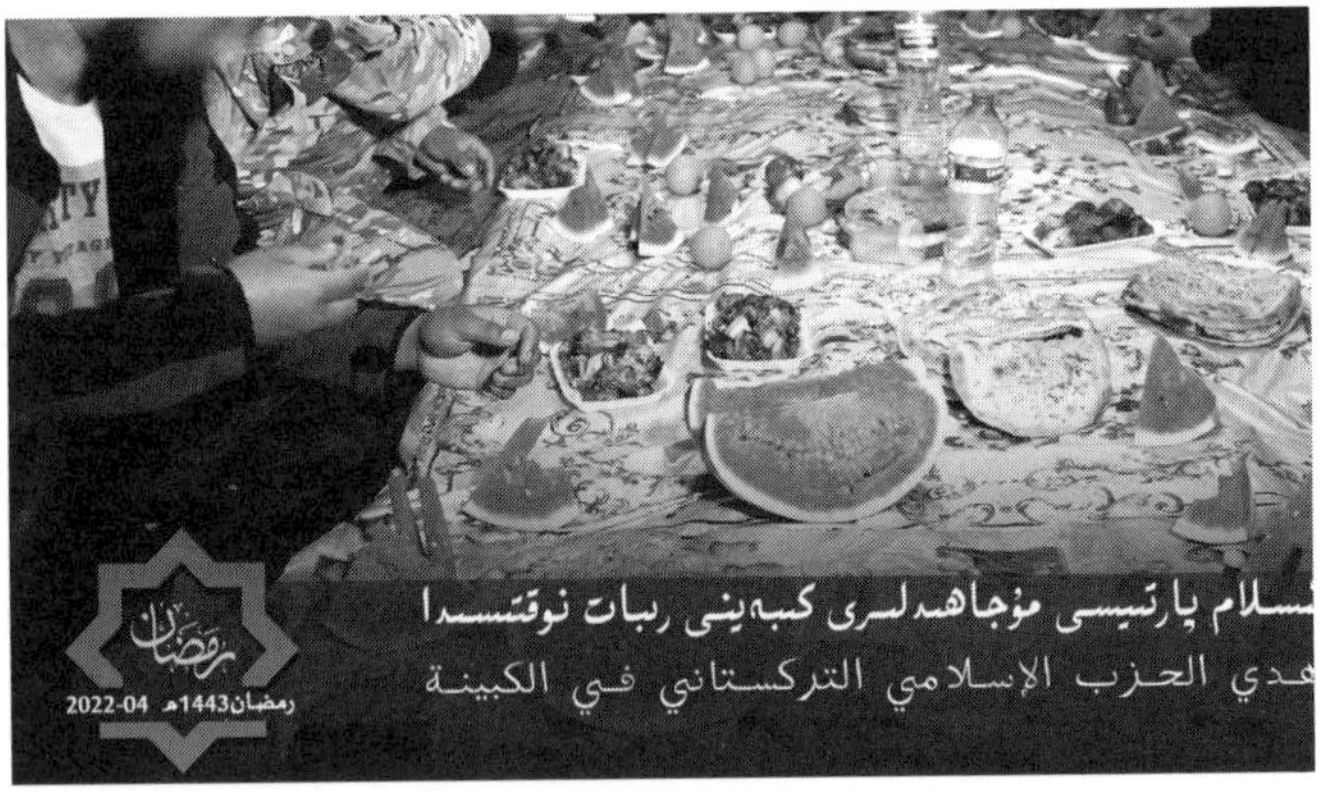

画像 28　シリアのラタキア県にあるトルキスタン・イスラーム党の拠点での食事風景。15 人ほどでパン、鶏肉、スイカ、オレンジを食べている。

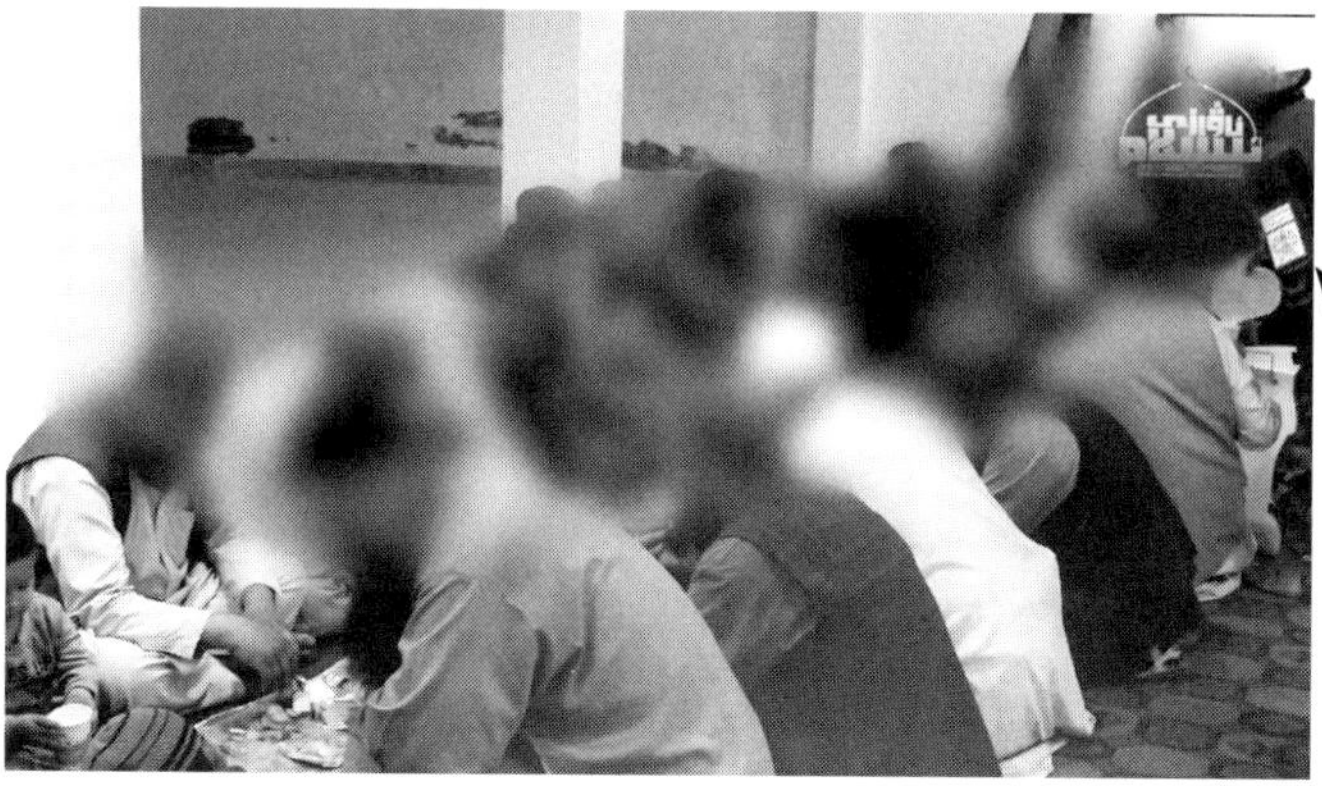

画像29　アフガニスタンでのトルキスタン・イスラーム党の食事風景。多数の同派の関係者に交じって、画像の右端に、ターリバーンの保安要員であることを示す腕章（矢印で示した）を着用した者がいることに注目。

れたことに論理的な矛盾はない。しかし、同派は元々の活動場所とは全く異なる場所で、しかも闘いの相手として新たな敵を見出して生きている。[23]

アフガニスタンにも、トルキスタン・イスラーム党の活動家やその家族が暮らしており、同派の活動についてアフガニスタン発の声明・画像・動画が発表されることがある。画像29は、二〇二二年のラマダーンでアフガニスタン在住のトルキスタン・イスラーム党幹部を囲む食事風景の動画の一部だ。広い施設に多数の関係者を集めて食事しており、アフガニスタンでのトルキスタン・イスラーム党の者たちの食事や住居の環境が一定水準以上の恵まれたものであることを示している。

だがそれ以上に重要な点は、この画像にアフガニスタンで政権を奪取したターリバーンの軍人か治安要員であることを示す腕章をした者が映り込んでいることだ。トルキスタン・イスラーム党幹部の食事の場にターリバーンの者が列席しているということは、アフガニスタンにおいて同派は何らかの形でターリバーンの保護・管理・監視を受けていることを示唆している。列席者の多くにモザイクがかけられている動画のなかに、ごく短い時間ではあるがターリバーンの要員であることを示す腕章がはっきりそれとわかる程度に映り込んでいることは、仮にそれが動画を製作する上でのミスだとしても、トルキスタン・イスラーム党の広報や戦闘がターリバーンの内政・外交政策の制約を受けているというメッセージを発信する結果となった。[24]

ここで紹介したアンサール・イスラーム団とトルキスタン・イスラーム党の食事風景は、彼らの兵站能力、活動場所、そして活動を取り巻く政治的環境、ひいては「テロとの戦い」の末のイスラーム過激派の変化や変質を示すものであった。特定の問題意識や課題をもって観察すれば、声明などの文書に限らず、画像や動画の一部からでもイスラーム過激派の活動について重要な情報を得ることができるという点は、彼らを質的な手法に基づいて観察することの大きな利点である。

第四章　量的な観察・分析が明らかにする「テロとの戦い」の実態

本章では、イスラーム過激派を量的な観点と手法から分析する。イスラーム過激派から得られる情報には、戦果発表、脅迫、扇動、政治的立場などについての演説、戦場や取り締まりの現場で押収されたり、イスラーム過激派の内部から流出したりする名簿や組織の運営に関する文書や資料がある。これらを、攻撃の対象・場所・手法などの集計、名簿などに掲載された者の人定情報の集計、計量分析を用いたプロパガンダの傾向や組織の運営の実態解明、さらには、ＳＮＳ上でイスラーム過激派やその支持者・勧誘対象となる者たちが形成したネットワークの解析など、様々な手法で分析することにより、イスラーム過激派の思考・行動様式や組織の実態を解明することができる。本章では、戦果発表や名簿のごく単純な集計、「イスラーム国」が刊行している週刊の機関誌の情報を基に、「テロとの戦い」のなかでのイスラーム過激派の行動や傾向を分析する。

1　イラク戦争中のイスラーム過激派の観察

「テロとの戦い」がイラクへと拡大し、アメリカが率いる連合軍がイラクを占領すると、自衛隊による復興支援活動（二〇〇三～〇九年）をはじめ、日本人がイラクで活動する機会も増加した。しかし、第三章で触れた通り、この間イラクで日本人が殺害されたり誘拐されたりする事件が相次ぎ、二〇〇三年一一月～〇五年五月の間に少なくとも六人が犠牲となった。犠牲になった日本人は、職業も、イラク渡航や現地での活動の目的も様々だったため、イラクの治安状況、特に連合軍による占領やそれに協力する各国の活動を攻撃するイスラーム過激派を含む武装勢力諸派の活動について情報を収集し、日本社会全体に広く発信することが急務となった。

初期の取り組み

ここで取り組まれたのが、イラクで活動する武装勢力諸派の戦果発表などの声明類を集計し、団体ごとに発信件数、活動場所、攻撃対象、攻撃の手段などを分析して、危険度の高い団体や場所を明らかにすることだった。各団体の活動場所、攻撃対象の特徴を割り出し、それによってイラクの政府や諸外国に対する立場などの活動方針や日本権益に対する脅威についての情報を得ようとしたのである。

例えば、二〇〇七年一～四月を対象に集計を試みると、この期間中一ヵ月あたり二〇件以上の戦果を発表した武装勢力は、イスラーム過激派とみなしうる団体だけでも一〇団体にのぼった。それらのなかには、イラク・イスラーム国、アンサール・スンナ団、イラクのイスラーム軍のように、連合軍、イラクの治安部隊、シーア派の民兵諸派を満遍なく攻撃する団体もあれば、ムジャーヒドゥーン軍、ファーティフーン軍、ジャーミウのように攻撃の大半が連合軍を対象としていた団体もあった。また、イラク・イスラーム国、アンサール・スンナ団、ファーティフーン軍などがバグダード、アンバール、サラーハッディーン、ニナワなどイラクの中部・西部を主な活動場所にしたのに対し、イラクのイスラーム軍、ムジャーヒドゥーン軍、ラーシドゥーン軍はバグダード南東のスンナ派とシーア派とが混在するバービル県でも比較的活発に活動した。[1] 実際、イラクで活動するイスラーム過激派諸派は、攻撃対象の優先順位やイラクの政治過程に対する方針の相違から相互の武力衝突にまで至ったため、団体ごとに声明類を集計して活動状況を分析することは、情勢の推移を説明して将来の予想を立てる上で有益だった。

このような作業の結果、我々が日常生活で目にすることも多い防災地図・防犯地図のようなものを、イラクで活動するイスラーム過激派を含む武装勢力の活動の危険度についても作成することが可能となる。地図上で危険な場所を濃い色で塗るとするなら、外国人民間人の襲撃・誘拐・殺害を厭わないイラク・イスラーム国やアンサール・イスラーム団の活動が活発なバグダード、アンバール、ニナワなどの諸県は最も濃い色で塗るべき場所となるし、武装勢力の諸派がほとんど戦果を発表しないイラク南部の諸県やクルド地区は淡い色で塗るべき場所となる。この作業を発展させると、コンピューター上に地図を用意し、イスラーム過激派などによる攻撃が発生した場所に目印をつけ、それをクリックすればいつ、何に対し、どのように発生したかがテキストで表示されるといった情報地図の作製も可能となる。

ただし、二〇〇四〜〇八年頃のイラクでは、一日あたり一〇〇を超える戦果が発信されることも珍しくない状況が続いたため、多くの場所が目印で埋め尽くされ、「何の地図か」もわからなくなったり、参照したい事件の目印を発見できなくなったりする問題が発生し、これを克服する有効な手段も見つからなかった。読者諸賢においては、スマートフォンなどで飲食店が集中する繁華街の地図を開き、そこに付されている飲食店を示す無数の目印のなかから、目的となる店を見つけ出す作業を連想してもらえばよいだろう。地図の縮尺を変更し、探す飲食店のジャンル・予算・使用目的などでソートを行わなければ、地図は目印でいっぱいで、道路やランドマークとなる施設すら埋め尽くされてしまうこともあるだろう。

イスラーム過激派の内部資料の量的観察

捜査や掃討の過程で押収されたイスラーム過激派の内部資料も、彼らの実態を量的に観察する上で重要な情報源となった。二〇〇七年にアメリカ軍がイラク北西部のシンジャールで押収した通称『シンジャール資料』は、当時のイラク・イスラーム国が外国からの潜入者を管理するために作成した台帳のうち、およそ六〇〇人分の名簿である。この資料の分析により、掲載された者の約四一パーセントをサウディアラビア出身者が占めたという事実[2]もさることながら、潜入者たちがどのような経路や案内者を通じてイラク・イスラーム国に合流したのかというネットワークも明らかになった。

イラク戦争からは年代が下がるが、二〇一六年初頭には「イスラーム国」からおよそ二万二〇〇〇人分の構成員名簿が流出し、これを基にした分析[3]が進んだ。名簿には「イスラーム国」への合流を手引きした者の名前、合流に必要な推薦人の名前、そして「イスラーム国」に合流する際の経路についての項目があるため、名簿の分析が「イスラーム国」への人材供給の解明と対策に役立つ可能性が高い[4]。

これと並んで、「イスラーム国」に合流した者たちに関する捜査情報などを集積して分析した研究[5]では、彼らの平均的な人物像が描き出された。それらによると、「イスラーム国」に合流した者たちは、失業者というよりは単純労働であれなにがしかの職に就いていた者、学生、自営業の者が多く、名簿に掲載された者の二割強は大学・大学院で教育を受けていた。また、三割程度は既婚者だった[6]。イスラーム過激派の構成員の人物像や合流の経緯のような情報は、質的な観察として諸派が発信する殉教者列伝のような文書を精読することによって得ることも可能であり、数百人から数千人、数万人規模の情報を集積して描出される人物像との比較検討により、より実態に近づくことができるだろう。

なお、「イスラーム国」の組織や構成員については、二次資料・報道を用いて同派内の女性の役割の解明を試みた研究[7]、「イスラーム国」の構成員への給与支払い台帳の一部を解析した研究[8]などがあり分析が進んでいる。SNS上のネットワークの解析も、イスラーム過激派の構成員や支持者のつながりや広がりを観察する上で有用だろう。

2 「イスラーム国」の事実上の滅亡

イスラーム過激派が政治的行動様式としてテロリズムを採用し続ける限り、彼らが発信する声明や動画の件数や文量の多寡は、活動の盛衰を如実に表す指標となる。もちろん、政治文書や脅迫・扇動文書

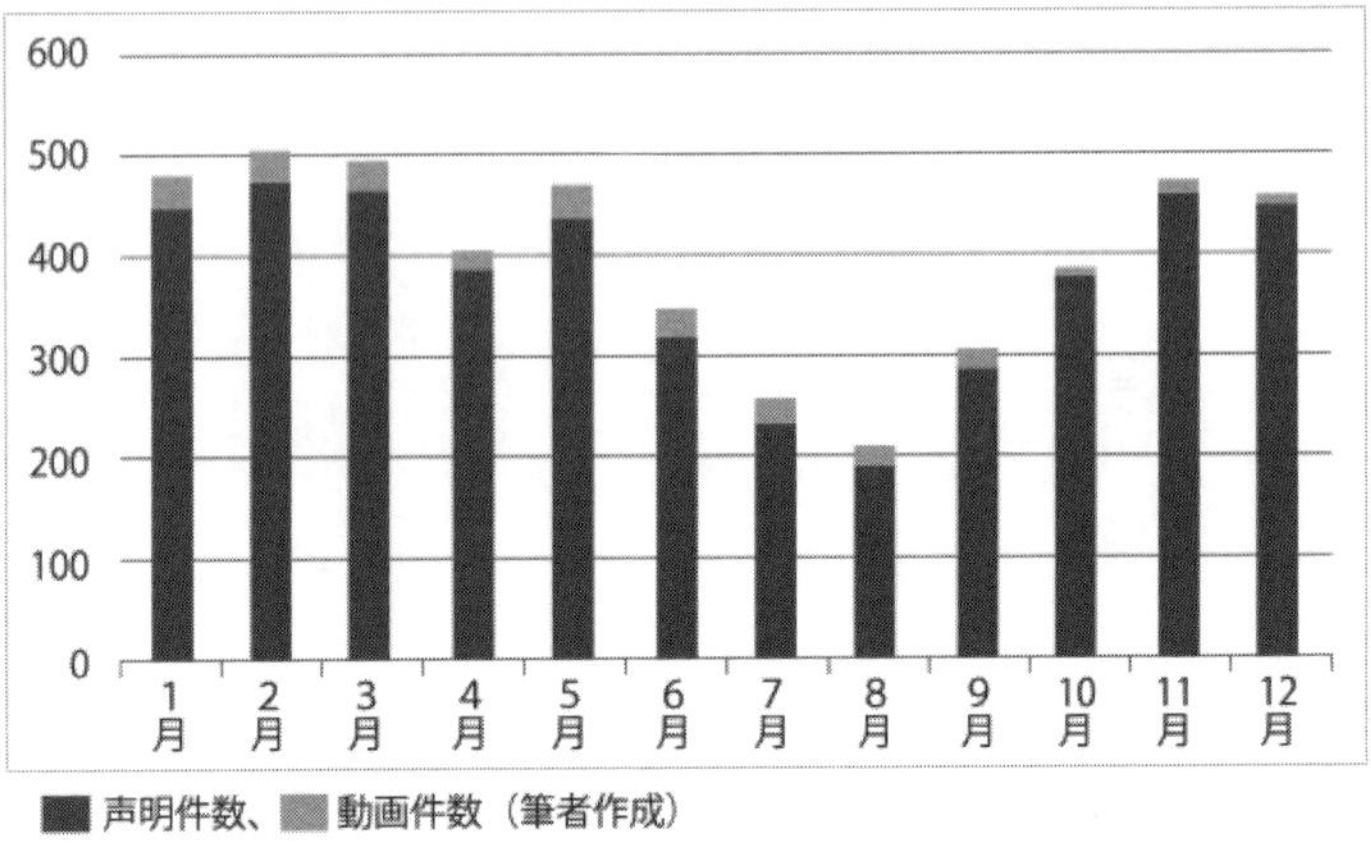

グラフ１　2016年の「イスラーム国」の声明・動画の月間発信件数
1カ月につき200–500件に達していた。

をいくら発表しても実際の攻撃を伴わなければテロ組織としての威信や影響力は限られたものになるが、いくら多数の攻撃を実行しても、その戦果を発表したり、攻撃と連動した脅迫を効果的に行ったりできなければ、敵方の世論に影響を与えることはできない。

この観点から見れば、「イスラーム国」の活動のピークは二〇一五年の初頭で、それ以後同派が発信する声明や動画の件数は伸び悩んだ。とりわけ、二〇一六年四～五月を境に、「イスラーム国」の広報活動は明らかに衰退していった。それ以前の「イスラーム国」は、政治・社会的なできごとや幹部の演説の一節などを題材とした「広報キャンペーン」を活発に行っており、一つの題材について各々の「州」が一斉に動画を発表するなど、一日あたり一〇件を超す動画が出回ることも珍しくはなかった。その「広報キャンペーン」が二〇一六年四月以降は全く行われなくなり、時折機関誌に「広報キャンペーン」を煽る記事が掲載されても、それに呼応する「州」はほとんどなくなったので

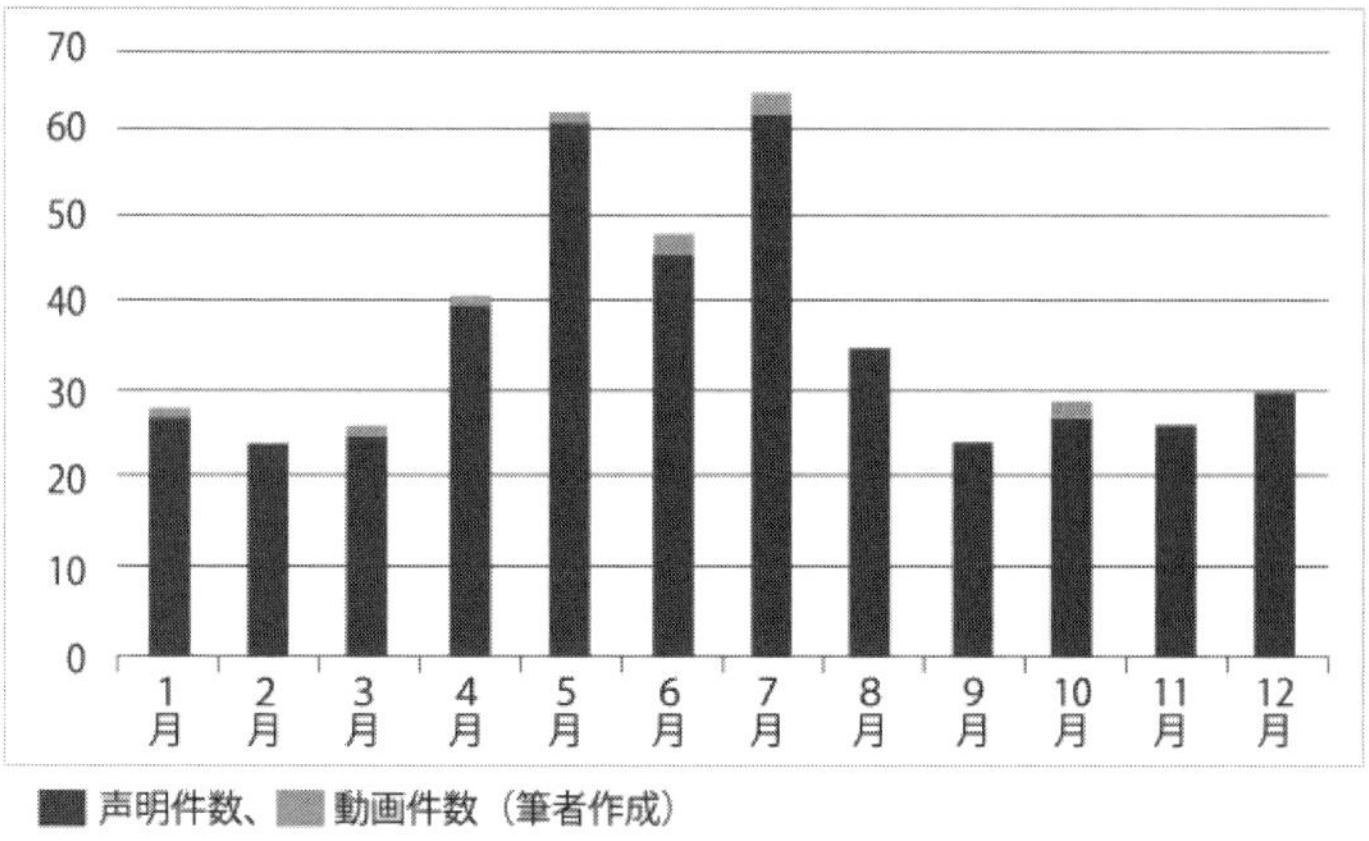

グラフ2　2021年の「イスラーム国」の声明・動画の月間発信件数
最多の月でも70件程度に過ぎない。

ある。

この状況は、政治目的を達成するために専らテロリズムに依拠する「イスラーム国」にとっては致命的だった。暴力行為を契機に敵方に要求や主張を突き付け、動揺・屈服につなげることがテロリズムの核心だとすると、この時点で「イスラーム国」は自らの要求や主張をまともに発信できなくなった。[9]

発信件数自体も、二〇一五年秋の最盛期には月間で七〇〇件近い声明・動画（うち動画は約五〇件）を発信していたところ、二〇一六年にはこれが減少傾向に転じた。それでもグラフ1が示すように、月間五〇〇件以上の声明を発信した月もあり、動画も毎月発信していた。二〇一六年には月間の発信件数が最も少なかった月でも二〇〇件程度を公式に発信していたことが確認できる。

しかし、「イスラーム国」による声明などの発信件数はその後著しく減少し、二〇二一年の時点でも深刻な低迷状態にある。グラフ2は二〇二一年の月ごとの発信件数であるが、最多を記録した月でも最盛期の一割程度に過ぎない。また、動画を発信しない月も頻繁にみられるようになった。「イスラーム国」は、声明などの発信件数が低迷し始める二〇一六年も七月にバングラデシュでの襲撃事件を引き起こすなど活発に活動し、その時点ではイラクやシリアにおける重要拠点であるモスルやラッカの占拠も続けていたが、声明などの発信件数の観察からその衰退を予測することが可能だったのである。言い換えれば、今後「イスラーム国」やそれ以外のイスラーム過激派の勢力が拡大する場合、そのような団体は戦場での活動を伸ばす以前に、声明類の発信が増加するという予兆を示してくれるということである。

なお、「イスラーム国」には、同派の構成員が「州」や広報機関のような正規の機関を通さずに発信する文書や動画、同派の広報活動を支援するためにファンや支持者が発信する文書や動画も多数存在する。これらは「事実上の公式」、「準公式」などの不思議な表現と共に「イスラーム国」の情報発信と混同されることがあるが、本書ではこれらを集計対象に含めていない。

「テロとの戦い」におけるトランプ大統領の目覚ましい成果

これまでも繰り返してきた通り、敵方の世論に影響を与えるための「テロ攻撃」の成否は、現場での破壊と殺戮の規模よりも、その作戦について報じるために敵方の報道機関が費やした紙幅や時間の多寡によって決まる。そのため、たとえ現場での攻撃に成功しても、他の話題に紙幅や時間を奪われて作戦について十分に報道させることができなければ、作戦は望ましい効果を上げたとはいえない。「イスラーム国」にとって、この紙幅や時間を奪う存在となったのが、アメリカのドナルド・トランプ大統領

（在位二〇一七～二一年）だった。

「テロとの戦い」が始まって以来、アフガニスタンやイラクでのアメリカ軍の損失、中東における紛争や政情不安のなかでのイスラーム過激派の活動、欧米諸国の権益に対するイスラーム過激派の脅威といった問題は、アメリカの外交・治安・安全保障上の重要問題として議論され続けてきた。ところが、トランプ大統領とその支持者の振る舞いがアメリカ国内の混乱やアメリカと諸外国との摩擦を引き起こすようになると、「イスラーム国」が敵方である欧米諸国の世論に影響を与える上で極めて重要な役割を果たしてきた先進諸国の報道機関は、こぞってトランプ大統領の動向に費やす紙幅と時間を増やし、「イスラーム国」のために費やすそれを減少させたのである。「テロとの戦い」でトランプ大統領が上げた目覚しい成果は、同大統領のそれこそ一挙手一投足と世間の反応が報道機関、SNS、その他の媒体を席巻し、世論の関心を集め、様々な議論を惹起したことである[10]、と総括してもよい。

それゆえ、「イスラーム国」は、トランプ大統領自身がアメリカ軍のイラク・シリアからの撤退を唐突に発表して物議を醸した際には、誰よりも喜んでこの話題に反応した。アメリカの軍事・外交・情報機関には、イラク・シリアに軍の拠点・人員を配置することを必要とするものも多数あったため、トランプ大統領が撤退を言い出すたびに、それを諫めるかのように駐留の必要性、とりわけ「イスラーム国」の脅威を論じる報告書類が発表された。「イスラーム国」は、そのような報告書類に逐一反応し、自らの存在を誇示した。同派にとって、世間の関心を自派から奪ったトランプ大統領が自派を話題にしてくれることは、何よりの広報の機会となったのである[11]。

トランプ政権下での「テロとの戦い」が、イラク・シリアにおける「イスラーム国」の占拠地を解消したり、初代自称カリフのアブー・バクル・バグダーディーを殺害したりするなど軍事面での成果を挙げたのは事実だ。しかし、テロリストにとっては、現場での戦果とそれについての広報が車の両輪のように連動して初めてテロ行為の成果が上がる。これに対し、「テロと戦う」側にとっても、現場での攻撃と広報の両方を包括的に封じ込めることが不可欠であった。声明類の発信件数の顕著な減少に象徴される「イスラーム国」の広報の衰退は、本人や支持者たちが自覚していたかはともかく、世論の関心をイスラーム過激派や「テロとの戦い」から別の所へ向けたという点でトランプ大統領の「業績」の一つといえるのである。

3 「イスラーム国」は何と闘っているのか#2

第三章では、「イスラーム国」が発表した綱領や方法論を解説する文書を精読するという質的な観察を通じ、同派が何を、どのように敵として認識しているのかを検討した。本節では、「イスラーム国」が発表する文書を量的に観察することを通じ、敵に対する同派の認識を分析する。質的な観察の結果と量的な観察の結果に、共通点や相違点はみられるだろうか。

本節では、「イスラーム国」が刊行しているアラビア語の週刊機関誌『ナバア』を対象に、検索機能を用いて観察対象とする語彙の出現頻度を集計するというごく初歩的な手法を用いる。どのような文脈で用いられるかを問わず、出現頻度が高い語彙（例えば国や団体の名称、特定の集団に特化して使用される蔑称）やそれについての話題は、「イスラーム国」の関心が高い話題と考えることができる。「イスラーム国」は雑誌類の刊行を熱心に行った。そのなかには、『ダービク』（英語）、『ダール・イスラーム』（フランス語）、『コンスタンチーニーヤ』（トルコ語）、『マンバウ』（ロシア語）、『ルーミーヤ』（英語、トルコ語、パシュトゥー語、ロシア語、ウイグル語、フランス語、ドイツ語、インドネシア語、ボスニア語、クルド語）のように多言語の雑誌も含まれた。しかし、これらは「イスラーム国」の衰退とともに次第に刊行されなくなり、二〇二二年五月時点では『ナバア』だけが定期刊行を続けている。

『ナバア』は、戦果の広報のほか、幹部のインタビュー、時事問題などについての論説、宗教問題についての論考、主要活動家の評伝や既存の著述の抜粋を主な内容とする雑誌で、二〇一五年一〇月に創刊して以来ほぼ週刊で刊行されている。同誌を観察することにより、この間の「イスラーム国」の活動方針・活動の実態の変化を知る上で貴重な情報がもたらされるだろう。

『ナバア』誌の量的観察

観察にあたっては、ＰＤＦファイルで刊行される『ナバア』の各号から、ＰＤＦの検索機能を用いてあらかじめ定めた重要と思われる語彙を検索・集計した。ただし、この手法では、同誌に掲載されている記事のうちインフォグラフィックスを利用して作成されたページや、画像に含まれる語彙は抽出されない。また、検索機能自体の限界から、指定した語彙を適切に抽出できない場合がある。例えば、中国（al-Ṣīn）とイラク国内の都市であるスィーニーヤ市（al-Ṣīnīya）や、サヘル地域の国のマリ（Mālī）と、ソマリア（al-Ṣūmāl）やお金・財政などを意味する（Māl）を区別して抽出できない。ほかにも複数の重要語彙が他の語彙と混同されてしまうので、分析の精度を確保するため、これらの重複や混同は目視・手作業で排除した。従って、本稿における語彙の出現数の集計は、全てを正確に掌握した絶対的なものとはなりえず、あくまで『ナバア』誌上に現れる刊行者＝「イスラーム国」の関心事項や情勢認識を把握するための参考値である。

このような方法から得られた興味深い結果の一つは、国際的なジハード運動に強い影響を与えたと評価されることもある[12]アブー・ムスアブ・スーリーが、『ナバア』誌にはほとんど現れないことだ。『ナバア』誌、そして「イスラーム国」は、スーリーをムスリム同胞団の流れを汲む活動家として否定する立場をとっており、同人の著述や業績は全く引用されない。ウサーマ・ビン・ラーディンについても、非難や否定をするわけではないが出現頻度は非常に低かった。

『ナバア』誌で敵対者・攻撃対象として使用される語彙としては、「テロとの戦い」の相手である欧米諸国を指す「十字軍」、シーア派の蔑称である「ラーフィダ」、アラウィー派の蔑称でシリア軍・治安部隊を指して使用される「ヌサイリー」、「キリスト教徒」、「不信仰者」、「背教者」、シリアのクルド民族主義勢力を指して用いられる「ＰＫＫ」（本来はクルディスタン労働者党の略称だが、「イスラーム国」はシリアのクルド民族主義勢力を全てＰＫＫと呼ぶ）がある。また、イエメンのフーシー派、アフガニスタンのターリバーン、アル＝カーイダも、直接的な交戦の相手、政治的な非難の対象としてたびたび出現する。

グラフ3からも明らかなように、本来イスラーム過激派としての「イスラーム国」にとって不倶戴天の敵であるはずの「十字軍」の出現頻度は、集計の対象とした語彙のなかでは三位にとどまる。このことは、「イスラーム国」にとって、直接の攻撃でも広報上の非難でも「十字軍」が最優先の敵として認

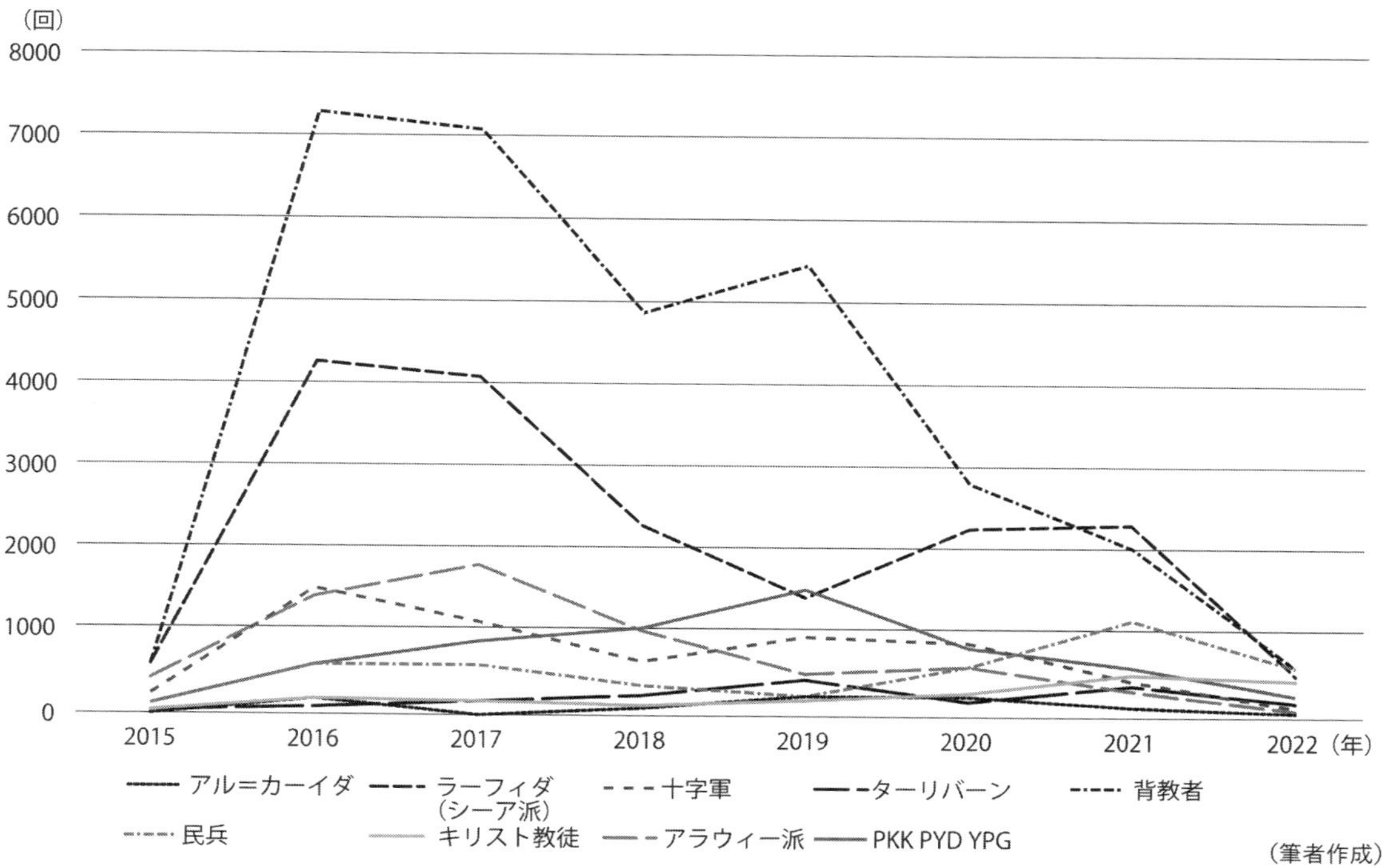

グラフ３ 「イスラーム国」が軍事的攻撃・政治的非難の対象として用いた語彙の出現頻度

識されていないことを示している。「イスラーム国」が激しい敵意を示し、同派の主な活動地であるイラクの政府・軍・治安部隊を形容して使用される頻度が高い「ラーフィダ」も、出現頻度は二位にとどまった。「ヌサイリー」や「PKK」は、シリア紛争での戦闘が下火となり、「イスラーム国」の活動が衰退するに従い、出現頻度が低下した。

そのようななか、出現頻度で首位となった語彙は、「背教者」だった。背教・背教者を意味する単語は、アラブ諸国の為政者、エジプト、ナイジェリア、ニジェールなどの諸国の官憲、ターリバーンやアル＝カーイダを指して用いられる。その上、「イスラーム国」が異教徒とみなしても不思議ではないシーア派やアラウィー派に対しても無頓着に使用される傾向があり、これが「背教者」の出現頻度を上昇させている。しかし、重要なのは「イスラーム国」が敵対者を形容する際に重視している属性が「異教」や「十字軍」ではなく、「背教」だという点である。

第三章で「イスラーム国」の文書を精読した結果、同派は、元々の不信仰よりも背教という不信仰のほうが悪いという立場であることが確認されたが、『ナバア』誌上で「イスラーム国」が敵対者に対し背教・背教者との悪口を連呼していることは、「イスラーム国」にとって最優先の敵は本来同派の支持基盤とすべきスンナ派ムスリムの共同体の中にいる、という同派の認識を裏付ける結果となった。これはまた、「イスラーム国」が国際的に広汎な反撃や取り締まりを受ける契機となりうる欧米権益への攻撃・攻撃扇動よりも、身近な背教者や他宗派への攻撃・攻撃扇動を優先していることを示しているともいえる。

4　前面に出る民兵（非国家武装主体）

グラフ3のもう一つの注目点は、『ナバア』誌上で「民兵」という語彙の使用頻度が上昇していることだ。近年の紛争では、国家の正規軍ではない武装集団（非国家武装主体）が主役となることが少なくない。「イスラーム国」もそのような非国家武装主体であるが、それに対抗して同派と争う主体も、次第に正規軍ではなく非国家武装主体へと移り変わっているようだ。

例えば、イラク・シリアで「イスラーム国」が猛威を振るった二〇一四～一八年頃は、イラク政府もシリア政府も正規軍の量・質の不足を補うために民兵を起用した。また、アメリカも、「地上戦を担う現地の提携勢力」としてクルド民族主義勢力の民兵を支援した。この結果、「民兵」という語彙は二〇一六年、一七年にそれぞれ六〇〇件弱、クルド民族主義勢力を指す「PKK」については二〇一九年に約一五〇〇件を記録した。これらの語彙の出現頻度は、その後イラク・シリアでの「イスラーム国」の活動が衰退すると減少したが、二〇二〇年、二一年になると、「イスラーム国　西アフリカ州」、「イスラーム国　中央アフリカ州」での戦果広報の記事で「民兵」の出現頻度が目立って上昇した。これは、「イスラーム国」が競合するアル＝カーイダの構成員や現地の政府軍を貶めるために民兵というレッテル張りを好むことを反映しているとともに、ナイジェリア、モザンビーク、コンゴなどでの「イスラーム国」の活動地域は、現地の政府が十分な規模の正規軍を投入できず、地元の民兵を起用して「イスラーム国」と戦っているらしいという現実も示している。また、「イスラーム国」はアフガニスタンのターリバーンの構成員も民兵と呼称しており、アフガンに政府も正規軍もなくなってしまった二〇二一年八月以降は、「イスラーム国」が同地で攻撃する敵の武装勢力はみな「ターリバーンの民兵」となる。[13]こうして、二〇二一年の『ナバア』誌上での「民兵」の出現頻度は、観察対象とした語彙のなかでは「ラーフィダ」、「背教者」に次ぐ第三位に浮上した。

「イスラーム国」の活動の傾向も、各国の政府が紛争やイスラーム過激派対策に民兵を起用する傾向も、大きな変化は見込めない。また、アメリカ軍のアフガニスタン撤退やフランス軍のマリでの作戦終了に示されるように、欧米諸国自身が自らの正規軍を「テロとの戦い」に投入するのを厭う傾向も確定的である。「イスラーム国」が『ナバア』誌上で「民兵」と呼称する敵対者の出現頻度が増していることは、紛争の当事者としての非国家武装主体の存在感の上昇と、欧米諸国が「テロとの戦い」において直接的な武力行使で被るであろう負担と犠牲を外部に転嫁するという、世界的な傾向を示すものである。

5　量的な観察に堪える発信ができないアル＝カーイダ

では、「イスラーム国」以外のイスラーム過激派諸派は、量的な観察の対象となるだけの広報活動を営むことができているだろうか？

ターリバーンは、二〇〇六年から月刊誌『スムード』の刊行を続けている。二〇二一年八月以来、同派はアフガニスタンで政権を掌握する支配勢力であるため、今後の『スムード』誌の観察は、政権与党の機関誌の観察と同等の重要性を持つことになるだろう。意義のある量的な観察を行うには、あらかじめ集計する意味のある語彙を設定することが不可欠であり、ターリバーンの広報の質的な観察を通じて、同派の思考・行動様式や関心事項を把握しておかなくてはならない。対象が発信する文書類を精読するという質的な観察を通じて量的観察で集計対象となる語彙を設定し、量的な観察により観察対象の平均的な姿や全体的な傾向を解明して質的観察の精度を向上させるという相互補完が重要となる。

アル＝カーイダ諸派については、グローバル・イスラミック・メディアフロント（GIMF）を名乗る主体が、諸派の幹部の演説の書き起こしや翻訳をインターネット上で拡散するなどの取り組みをしているが、世論の反響を呼んでいるとは言い難い。これは、アル＝カーイダ諸派のいずれもが日常的に戦果を発表することも、定期的に雑誌類を発信することもできていない現実を反映している。

アル＝カーイダが刊行する文書としては、パンフレット『ナフィール』と雑誌『一つのウンマ』があるが、いずれも不定期で、内容も特定の課題に焦点をあてたものとなりがちなので、量的観察によってアル＝カーイダの関心事項や活動の傾向を明らかにするには不足と言わざるをえない。アル＝カーイダ諸派のなかでは、シャバーブ運動がシャハーダ通信なる通信社を擁してニュース配信の体裁で情報発信を行っているが、二〇二二年五月の時点での情報発信の量・質は短信調のニュース発信と月間の戦果発表という水準にとどまっている。インド亜大陸のアル＝カーイダも比較的活発な情報発信をしているものの、言語や題材の制約からイスラーム過激派の支持者やファンから世界的な共感を得るには至っていない。この点においても、著名な活動家の長大な著述に依存し、「テロとの戦い」のなかで定期刊行物を発信する能力を構築（再建）できていないアル＝カーイダの広報の限界が示されている。

その他のイスラーム過激派では、トルキスタン・イスラーム党がアラビア語、ウイグル語による情報発信を一定の頻度で続けているが、同派のアラビア語の機関誌『イスラーム的トルキスタン』の刊行は二〇一九年四月で途絶しており、現時点では将来の傾向・関心事を明らかにするための量的観察に堪える情報発信はしていない。ウイグル語では定期的なニューズレターの発信が続いている模様だが、これが世論に大きな影響を与えているわけではない。また、日本社会において、ウイグル語に精通した上でイスラーム過激派の論理や語彙を分析可能な機関や人員が存在するのか、という問題もある。これは、イスラーム過激派によるあまり一般的ではない言語を用いる情報発信を常時観察し、その関心事の変化を把握する体制を構築できるか否かという、今後日本社会がイスラーム過激派に対処する上での課題でもある。

同様の問題は、パキスタンとアフガニスタンとの国境付近を中心に活動していると思われるパキスタン・ターリバーン運動（TTP）についてもいえる。同派は、ウルドゥー語、アラビア語などの多言語で広報活動を行っているものの、日頃の武装闘争の戦果がパキスタンを越えて国際的な反響を呼ぶことが少ないため、継続的な観察が必要であるにもかかわらず話題になりにくい存在である。

第五章　イスラーム過激派はどこへ行く？

「テロとの戦い」は様々な意味で破綻をきたし、少なくとも戦いの相手の重要な一部だったはずのイスラーム過激派を殲滅することは不可能な状態である。しかしながら、この状態はイスラーム過激派が「テロとの戦い」を生き抜いたことは意味しても、彼らが「テロとの戦い」に勝利して当初抱いた政治目標の達成に向けて前進したことを意味するわけでは断じてない。イスラーム過激派自身も、「テロとの戦い」を生き抜くために変質・変貌を遂げている。本章では、イスラーム過激派の変質・変貌に焦点をあてて考察を進める。

1　安住の地を希求するイスラーム過激派

第一章で検討した通り、イスラーム過激派も非国家武装主体の一種である以上、彼らの活動の好適地は紛争地や国家の統制が弱い地域である。具体的には、自国の領土を完全に統治しきれておらず、国家として力の弱い国で非国家武装主体の活動は活発化しやすい。また、弱い国家とみなされているとは限らない国においても、政治・経済の中心地から離れた僻地（特に他国との国境地帯）で国家の機関を集中攻撃し、統治を弱体化させることにより非国家武装主体が活動拠点の確保を図るという戦術もありうる。[1]

しかも、イスラーム過激派は彼らがイスラーム共同体とみなす場所で起きる紛争や外部からの侵略に対し、イスラーム共同体全体が対抗すべきと考えることから、地縁・血縁もなければ政治的・文化的な共通性もない場所に外部からイスラーム過激派の組織や活動家が流入して武装闘争に加わること自体は論理的には不思議なことではない。また、いずれかの国での闘争に敗れて逃亡してくるイスラーム過激派の組織・活動家を保護し、拠点を提供して活動を続けさせることも、受け入れる側のイスラーム過激派にとって理屈の上では不可欠の行為といえる。

サウディアラビア政府との関係が悪化し、アラブ諸国での居場所を失ったビン・ラーディンがアフガニスタンでターリバーンに客人として迎えられたことや、エジプトでの武装闘争に敗北したイスラーム団やジハード団の活動家がアフガニスタンに移動してアル＝カーイダに合流したことは、安住の地を求めて移動するイスラーム過激派の活動の例である。その際、イスラーム過激派の者たちは、それまで元々の活動地のムスリムの為政者を攻撃や非難の対象としていた活動から、アメリカやシオニストをイスラーム共同体全体への侵略者として攻撃・非難する活動へと転換した。このような活動の変遷は、状況に応じて身近な為政者（近い敵）とアメリカなどの国際的な敵対勢力（遠い敵）とで攻撃対象を選択するものとして、イスラーム過激派を分析する上での論点となった。

もっとも、このように移動したとしても、イスラーム過激派の組織・活動家らは、旧活動地政府からの現住地政府に対する引き渡し要求や、アメリカなどが実施する巡航ミサイル・ドローン攻撃・暗殺作戦に脅かされ続けたので、この種の移動は、数千人単位の構成員が移動先に家族を呼び寄せて共同体を形成するという意味での安住の地への移動とは言い難かった。

安住の地に入植するイスラーム過激派

しかし、「テロとの戦い」が変質・破綻するなかで、イスラーム過激派の一部には、多数の活動家が老若男女の家族とともに共同体を築き、敵方からの物理的・政治的攻撃にもほとんどさらされないという意味での安住の地の獲得に成功する団体が現れた。その代表例が、シリアで活動するトルキスタン・イスラーム党とアンサール・イスラーム団である。本来、前者は新疆やアフガニスタンを拠点に中国政府や共産党に対して、後者はイラク北部にてイラクやクルド地区の政府やイラクに駐留する外国軍に対して、武装闘争を行っていたはずだ。それが、この両派の少なくとも一部が、シリア紛争に際してシリアのムスリムを支援するとの名目で、組織ぐるみ、家族ぐるみでシリア領へと移転したのである。

シリア紛争においては、戦闘の経験や士気に優れたイスラーム過激派諸派がシリア国内の反体制派に代わって武装闘争の主力となったため、この両派も戦闘に貢献した時期があっただろう。しかし、現在は両派ともにシリア紛争の当事者である諸国・諸勢力間の停戦枠組みの下、積極的な攻撃を実施しなくなった。また、両派がイスラーム共同体を侵略する外部の敵対者（具体的には欧米諸国、中国など）への攻撃を企画・実行することも、それらを非難・脅迫する広報活動もみられなくなった。つまり、トルキスタン・イスラーム党もアンサール・イスラーム団も、本来の活動地から遠く離れたシリアにて、今や彼らにとっての「近い敵」とも「遠い敵」とも闘わずにシリアの占拠地で安閑とした生活を送るだけになったのである。また、彼らの生活ぶりは、彼らが支援しに来たはずのシリア人民の多数が、風雨をしのぐこともままならないテントなどで、専ら人道支援団体からの給付によって露命をつなぐ状況に比べて相当恵まれたものである。▼2 このような形で安住の地を見出したことは、かつてのアル＝カーイダの活動家らによる越境移動や安住の地探しとは性質が異なっている。

イスラーム過激派の安住の地としてのインターネット空間

ＳＮＳを含むインターネット空間も、イスラーム過激派とその支持者・ファンにとっては活動の好適地だ。インターネット空間で広報・扇動・勧誘を行うという形で紛争に参加することもイスラーム過激派にとっては立派な活動の一つで、特定のイスラーム過激派組織の構成員でなくても、現実の戦場には何の関係もなくとも、イスラーム過激派の活動に多大な貢献をする者も現れた。

無論、各国の当局や各種サービスを提供する企業は、イスラーム過激派による扇動・脅迫・勧誘活動を監視・規制し、関連のアカウントやサイトが閉鎖されることも珍しいことではない。しかし、一度ネット上に拡散した情報の回収が不可能であることは、イスラーム過激派の著述やメッセージにも当てはまり、いったん発信した情報が半永久的に視聴者に影響を与えうるものとして残存するという意味で、インターネット空間はイスラーム過激派の永続を保証する存在とすらいえる。しかも、インターネット上のイスラーム過激派の監視や統制は、より広汎な検閲や言論統制に拡大しかねない、基本的人権にかかわる重大な課題であり、軽率に強化しにくいものでもある。

その一方で、アル＝カーイダと「イスラーム国」との決裂・抗争の際にインターネット上の世論や関心が現実のイスラーム過激派の活動の盛衰に重大な影響を与えたように、現場の組織からも戦場からも離れた安全地帯に暮らす視聴者たちが現実の武装闘争を方向付けるという倒錯した状況も生まれている。これは、ネット上の炎上が発信者の意図とは全く無関係に作り出されるのと同様で、日本についても政府による対シリア支援拠出表明がイスラーム過激派による対日非難・脅迫につながった例もあり[3]、看過できない問題である。ネット上の言論が実際の戦場のあり方を規定するという意味では、イスラーム過激派にとってのインターネット空間は実際の生死にかかわる危険地帯ともいえる。

イスラーム過激派は現世での成功を追求する

イスラーム過激派の理屈の上では、彼らの闘争（＝ジハード）の帰結は現世での輝かしい勝利か、現世で敗れたとしても殉教者として来世で報われるかのどちらかで、どのような結果になっても参加者が報われるものである。しかし、実際のイスラーム過激派の活動においては、前線の戦闘員、特に自爆攻撃に起用される者は、組織の経営という面では組織にとって価値の低い者たちである。現世で死ぬ（＝殉教する）ことは、イスラーム過激派を経営する者たちにとっての目標ではない。「テロとの戦い」との対峙が長期化するなかで、イスラーム過激派にとっての安住の地が物理的にも論理的にも変質していることは、勝利も殉教もジハードの成果であるという建前とは裏腹に、イスラーム過激派諸派があくまで現世での運動の存続・成功を優先する人々によって経営されていることを物語っている。

2 「テロとの戦い」に適応するイスラーム過激派

第二、三、四章で分析してきた通り、イスラーム過激派といえども、必ずしも宗教的な思想・信条に基づき、客観的な状況とは無関係に、なおかついかなる犠牲や負担も厭わずに、特定の対象を付け狙って攻撃しているわけではない。ここまでの分析では、それとは逆に世論に与える影響や自らの安寧、敵方からの反撃の有無とその強弱といった様々な要素を考慮して攻撃や脅迫・扇動の対象を選んでいることが示されている。イスラーム過激派の間でこのような行動様式が定着してくると、本来の敵との闘いを半ば放棄し、これまで敵対してきたはずの各国の利益に沿うような行動をとる団体も現れるようになった。

例えば、「イスラーム国」の機関誌の分析を通じ、同派に忠誠を誓う者がヨーロッパで引き起こした襲撃事件の大半について、実は「イスラーム国」は事前準備や作戦実行に関与していないと自ら認めていたことが明らかになった（第三章）。また、「イスラーム国」の戦果発表や機関誌で、攻撃対象として言及される対象の大半は背教者かラーフィダ（＝シーア派）であり、十字軍、すなわち欧米諸国への言及は著しく減少した（第四章）。アル＝カーイダも、勢力の衰退に伴ってアメリカやイスラエルを直接攻撃する作戦を実行できなくなっている。アル＝カーイダはエルサレムやパレスチナでの現状変更に反発する「エルサレムはユダヤ化しない攻勢」を実施していると主張するが、この名称が冠される攻撃はシャバーブ運動やＪＮＩＭの活動地域に限られた。活動目的の変化や諸派の勢力の客観的な状況などが原因で、十字軍やその仲間はイスラーム過激派が闘う相手ではなくなりつつある。

変質したイスラーム過激派の例

元々の敵対者である十字軍やそれに従属する各国の政府との闘いを放棄し、大きな変質を遂げた団体の典型例は、シャーム解放機構（旧称：ヌスラ戦線）である。第三章にて同派がアル＝カーイダから離脱したことに触れたが、これは同派がシリアの反体制武装闘争の一翼に「なりすまし」、諸外国からの政治・経済・軍事的な支援の受け皿の座を競合する他の諸派と争うことでもあった。[4] シャーム解放機構は、競合するシャーム自由人運動、宗教擁護者機構などを武力で制圧するとともに、トルキスタン・イスラーム党やアンサール・イスラーム団のような外来の諸派の活動も統制する立場を確立していった。

二〇二〇年春のシリア政府軍の攻勢後にロシア・トルコを介してイドリブ県周辺での停戦が成立し、トルコ・ロシア軍による合同パトロールが導入されると、シャーム解放機構は反体制武装勢力諸派の統制を受け持つことになったトルコの統制を強く受けるようになり、トルコ、ひいては同国につながるアメリカに従順に振る舞うようになっていった。[5] 本来、シャーム解放機構にとってイスラーム共同体の侵略者と位置付けるべきアメリカはもちろん、トルコも侵略者の手先である悪しき為政者・政府に過ぎず、攻撃・打倒の対象である。アメリカ・トルコとの闘いは非妥協的なものであり、例えば眼前の敵であるシリア・ロシア・イランという「敵の敵は味方」のような軽薄な言辞でこの闘いを先送りしたり、両国と提携したりしてよいとはならない。にもかかわらず、シャーム解放機構はトルコに従い、アメリカの対シリア政策に迎合してシリア領のごく一角での支配権を独占する道を選んだ。

シャーム解放機構は、二〇二二年九月の時点でアメリカによってテロ組織に指定されたままなので、同派とアメリカ、トルコとの関係は、元々の闘争目的を放棄し強国に迎合して生き残りを図るイスラーム過激派の変質を示すとともに、アメリカの側も近視眼的な外交・軍事上の都合によってイスラーム過激派を容認するという「テロとの戦い」の破綻の終着点を示すものにもなった。

このようなシャーム解放機構の変質は、他のイスラーム過激派諸派、特に「イスラーム国」にとっても重大な結果をもたらした。シャーム解放機構の統制下に入ることでシリア領内に安住の地を得たトルキスタン・イスラーム党やアンサール・イスラーム団だけでなく、シャーム解放機構と激しく敵対しているはずの「イスラーム国」にとっても、シャーム解放機構の占拠地域は潜伏に好適な「安全地帯」と化したのである。

この事実を何よりも明確に示すのが、「イスラーム国」の自称「カリフ」が二代続けてシャーム解放機構の占拠地で殺害されたことである。アブー・バクル・バグダーディーの殺害（二〇一九年一〇月）、アブー・イブラーヒーム・ハーシミー・クラシーの殺害（二〇二二年二月）は、いずれもアメリカ軍の作戦によるものではあるが、作戦の実行場所はシャーム解放機構の占拠地内だった。しかも、殺害された両名はいずれも家族を伴う潜伏生活を送っていた。アメリカとトルコがテロ組織に指定しているはずのシャーム解放機構の占拠地域が、他のイスラーム過激派にとっても安全地帯であったことは、「テロとの戦い」の矛盾・変質・破綻を具現している。▼6

シャーム解放機構は、ハーシミー・クラシーの殺害について声明を発表したが、それは「イスラーム国」の指導者が自派の占拠地に潜伏していることもその殺害作戦についても知らなかったと釈明した上で、「イスラーム国」の指導者を一般のシリア避難民と同一視するかのような言辞を弄し、シリア政府とイランの民兵の行為こそが真のテロリズムだと主張する内容だった。▼7 この声明は、シャーム解放機構にとっては同派による領域支配の最大の脅威であるシリア政府軍から身を守ることが優先であり、そのためにはアメリカやトルコ、「イスラーム国」と協調することに問題はないという見解を示していた。

ターリバーンの勝利を素直に祝福できないシャーム解放機構

二〇二一年八月にターリバーンがアフガニスタンで政権を奪回したことは、「テロとの戦い」の結末を象徴する事件だったが、これについてシャーム解放機構が献じた祝辞からも、同派の変質とそれがはらむ矛盾を理解することができる。

シャーム解放機構はアル＝カーイダから（偽装）離脱しているため、祝辞ではアル＝カーイダがターリバーンに忠誠を誓っているという二者の関係を確認するような言辞は用いず、ターリバーンが占領者を排除し、ジハードによって権利と尊厳・シャリーア統治を回復することに重点を置く内容となった。その上で、シャーム解放機構は国際社会に対し、ターリバーンの勝利を教訓として自由な諸人民に敵対する者の側に立つべきではないと主張した。もっとも、シャーム解放機構はこの声明において、同派の主張する「シリア革命」を支援している主体が、アフガンでターリバーンが打ち破った占領者であるアメリカを筆頭とする諸国と同一であるという事実からは完全に目を背けている。▼8 占拠地域の支配権独占という目的の前に、十字軍とその手先によるイスラーム共同体への侵略に対抗するというイスラーム過激派の基本理念が顧みられていないのである。シャーム解放機構の変質は、「テロとの戦い」に適応して現世的な利益と成功を追求するイスラーム過激派の姿を端的に示している。

3 イスラーム過激派によるイスラーム過激派のためのイスラーム統治

二〇二一年八月にターリバーンがアフガニスタンの大部分を制圧したことにより、同派による統治、特にそれに伴う女性の権利や報道の自由などの制限が問題視されている。これらの権利の保障は、「テロとの戦い」の大義名分の一つとして掲げられてきたものである。二〇〇一年からのアフガン戦争では、戦争前にアフガニスタンの大半を制圧していたターリバーンのイスラーム統治での様々な抑圧からの解放・自由化・民主化が目指されていた。二〇二一年に政権を奪還したターリバーンは、二〇〇一年当時よりもアメリカを含む諸国からの国際的承認を得ることを重視しており、同派による統治がどのようなものになるのかは、イスラーム過激派の振る舞い全般に影響を与えるものとなろう。また、イラクやシリアでは「イスラーム国」の占拠・統治が五年近くになった地域もある上、シリアの北西部の一部は現在のシャーム解放機構の制圧下にある。そこで、本節ではイスラーム過激派による統治を分析し、統治という視点からイスラーム過激派諸派が「テロとの戦い」をいかに生き抜いてきたかについて考察する。

スローガンとしての統治と現実の統治

広範囲の土地とその住民を制圧すると、単にイスラーム統治を実現するとのスローガンを繰り返すだけでなく、実際に地域と住民の生活を管理・運営する制度や組織を構築する必要が生じる。また、イスラーム過激派の有力団体は、構成員が数千人、数万人規模に達すると思われるものもあるため、第三章で兵站について考察した通り、構成員を適切に処遇したり、管理したりするための行政部門の整備が必要不可欠である。このような制度や機関を整備し、それを大々的に広報したのが、「カリフ制」の下で国家を樹立したと主張する「イスラーム国」だった。

「イスラーム国」は、二〇一六年七月に「カリフ国の構造」と題して自派の統治機構を紹介する動画を発表した。それによると、「カリフ」の下には組織を指導する諸般の評議会・委員会に加え、一四の「省庁」がある。それらは、①「司法・苦情庁」、②「ヒスバ庁」、③「教宣・モスク庁」、④「ザカート庁」、⑤「軍務庁」、⑥「公安庁」、⑦「財務庁」、⑧「中央広報庁」、⑨「知育庁」、⑩「保健庁」、⑪「農務庁」、⑫「天然資源庁」、⑬「戦利品庁」、⑭「サービス庁」である。なお、「省庁」の記載の順序は、動画中で紹介された順序に沿ったものである。▼9「ヒスバ」とは勧善懲悪というムスリムの義務の一つで、これを担当する「省庁」の任務は、礼拝や断食の実施の監視・物価統制、それらの違反者への懲罰など多岐にわたる。「ザカート」とは、こちらもムスリムの義務の一つである喜捨のことで、「ザカート庁」はその取り立てと分配を担当した。

省庁を紹介する順序に象徴されるように、この省庁編成には、「イスラーム国」が統治において司法、ヒスバ、教宣、ザカートなど、イスラームの宗教的義務の実践と管理を非常に重視していたことが示されている。一方「イスラーム国」には第二次産業、第三次産業、運輸部門を担当する「省庁」が存在しない。また、「イスラーム国」から押収した行政資料を分析した研究では、押収資料が特定の「省庁」に関する資料に偏っている可能性があると留保しつつも、「省庁」に所属する人員数の上位五つが「軍務庁」、「司法・苦情庁」、「公安庁」、「知育庁」、「ヒスバ庁」であることに着目し、「イスラーム国」は司法・治安・秩序を優先する統治体制を編成したと指摘した。[10] ここから、「イスラーム国」の統治における宗教実践と治安の重視・生産軽視の傾向が明らかになる。

また、「イスラーム国」は制圧下の住民に対し、どのように生活すべきかを周知するためのパンフレット類を多数刊行した。それらは、墓標の建立禁止、男女の服装規制、礼拝のやり方、衛星放送の視聴など多分野かつ詳細にわたる内容だった。「イスラーム国」の統治には、個人の生活・嗜好や、地元の風習・慣行に対する強い干渉志向があったこともわかる。[11] 第三、四章の議論を引き継ぐのならば、個々の資料の精読という質的観点からも、集計や計量分析という量的観点からも、「イスラーム国」の統治に対する姿勢を解明することができるということだ。

イスラーム統治の下での異教徒の処遇

イスラーム統治の下では、異教徒の処遇も重要な課題となる。イスラーム法においては、ムスリムの支配下で一定の保護を与えられた非ムスリムをズィンミー（庇護民）とし、ムスリムの支配に服従・協

الدولة الإسلامية
ديوان القضاء والمظالم
الرقم الصادر: ٦٠
التاريخ:
الموافق:

بسم الله الرحمن الرحيم

نص عقد الذمة

الحمد لله معز الإسلام بنصره ومذل الشرك بقهره، القائل في محكم التنزيل:
[قاتلوا الذين لا يؤمنون بالله ولا باليوم الآخر ولا يحرمون ما حرم الله ورسوله ولا يدينون دين الحق من الذين أوتوا الكتاب حتى يعطوا الجزية عن يد وهم صاغرون] - سورة التوبة : الآية ٢٩
ونشهد أن لا إله إلا الله وحده، صدق وعده، ونصر عبده، وأعز جنده، وهزم الأحزاب وحده، لا إله إلا الله ولا نعبد إلا إياه مخلصين له الدين ولو كره الكافرون.
ونشهد أن محمداً عبده ورسوله صلى الله عليه وسلم الضحوك القتال، الذي بعثه ربه بين يدي الساعة بالسيف حتى يعبد الله وحده، وأنزل عليه براءة والأحزاب والقتال.
ونشهد أن عيسى بن مريم عبد الله ورسوله وكلمته ألقاها إلى مريم وروح منه، قال تعالى:
[لن يستنكف المسيح أن يكون عبداً لله ولا الملائكة المقربون ومن يستنكف عن عبادته ويستكبر فسيحشرهم إليه جميعاً] سورة النساء ١٧٢.
الحمد لله على عزة الإسلام، ونعمة التمكين، وله الشكر واصبا إلى يوم العرض والدين وبعد:
هذا ما أعطاه عبدالله أبو بكر البغدادي أمير المؤمنين لنصارى ولاية دمشق - قطاع القريتين من الأمان: أعطاهم أمانا لأنفسهم وأموالهم ولا يكرهون على دينهم، ولا يضار أحد منهم.
واشترط عليهم:
١ - أن لا يحدثوا في مدينتهم ولا فيما حولها ديرا ولا كنيسة ولا صومعة راهب.
٢ - أن لا يظهروا صليباً ولا شيئاً من كتبهم في شيء من طريق المسلمين أو أسواقهم، ولا يستعملوا مكبرات الصوت عند أداء صلواتهم وكذلك سائر عباداتهم.
٣ - أن لا يسمعوا المسلمين تلاوة كتبهم وأصوات نواقيسهم ويضربونها في داخل كنائسهم.
٤ - أن لا يقوموا بأي أعمال عدوانية تجاه الدولة الإسلامية، كإيواء الجواسيس والمطلوبين قضائياً للدولة الإسلامية أو علموا بوجود تآمر على المسلمين فعليهم التبليغ عن ذلك.
٥ - أن يلتزموا بعدم إظهار شيء من طقوس العبادة.

الدولة الإسلامية
ديوان القضاء والمظالم
الرقم الصادر:
عدد الأوراق:
رقم الورقة:

٦ - أن يوقروا الإسلام والمسلمين، فلا يطعنوا بشيء من دينهم.
٨ - يلتزم النصارى بدفع الجزية على كل ذكر بالغ منهم، ومقدارها أربع دنانير من الذهب { المقصود بالدينار هو دينار الذهب الذي كان يستخدم في المعاملات لأنه ثابت المقدار وهو يزن مثقالاً من الذهب الصافي أو ما يعادل = ٤,٢٥ جرام ذهب } على أهل الغنى ونصف ذلك على متوسطي الحال ونصف ذلك على الفقراء منهم، على أن لا يكتموا من حالهم شيئاً ولهم أن يدفعوها على دفعتين في السنة.
٩ - لا يجوز لهم امتلاك السلاح.
١٠ - لا يتاجروا ببيع الخنزير أو الخمور مع المسلمين أو في أسواقهم ولا يشربوها علانية أي في الأماكن العامة.
١١ - تكون لهم مقابرهم الخاصة، كما هي العادة.
١٢ - أن يلتزموا بما تضعه الدولة الإسلامية من ضوابط كالحشمة في الملبس أو في البيع والشراء وغير ذلك.
فإن هم وفوا بما أعطوه من الشروط فإن لهم جوار الله وذمة محمد صلى الله عليه وسلم على أنفسهم وأراضيهم وأموالهم، ولا يدفعوا عُشر أموالهم إلا إذا جلبوا أموالاً للتجارة من خارج حدود الدولة الإسلامية غير ظالمين ولا مظلومين، ولا يؤخذ رجل منهم بذنب آخر.
فلهم جوار من الله وذمة محمد صلى الله عليه وسلم حتى يأتي الله بأمره، ما التزموا بما ورد من الشروط في هذه الوثيقة.
وإن هم خالفوا شيئاً مما في هذه الوثيقة فلا ذمة لهم، وقد حل للدولة الإسلامية منهم ما يحل من أهل الحرب والمعاندة.
اليوم / التاريخ ١٥ / ١١ / ١٤٣ هـ الموافق ٣ / ٨ / ٢٠١٥م

كاتب العقد
العاقد:
الاسم: الأم:
تاريخ الميلاد:
تاريخ تنظيم العقد: ١٥ / ١١ / ١٤٣٦ هـ
٣٠ / ٨ / ٢٠١٥م

画像30・31　12項目あることになっている庇護契約の条項だが、実は項目番号の「7」がとばされているので実際には11項目しかない。契約文面の作成にあたり、最低限の校正もしていない杜撰な文書であることがわかる。

力し、人頭税などを納めることで生命・財産・信仰が保護される制度がある。「イスラーム国」は、イラクやシリアで制圧したキリスト教徒に対し、庇護契約の締結を通じたズィンミー制度の復古を主張した。画像30と画像31は、「イスラーム国」がシリアのホムス県カルヤタインを制圧した際に同地のキリスト教徒と締結したと称する庇護契約の文面である。

契約は、「カルヤタイン市内とその周辺にて教会、修道院、修道僧の修行部屋を新規に建造しない」、「ムスリムのいる街頭や市場にて、十字架や宗教上の象徴を一切見せない。また、礼拝やその他の信仰行為にて拡声器を使用しない」、「ムスリムに対して聖書の読誦と鐘の音を聞かせない、また教会内で鐘を鳴らさない」、「「イスラーム国」への敵対行為を行わない」、「教会の外で信仰儀式を行わない」、「イスラームとムスリムを尊重する」、「全ての成人男性のキリスト教徒は人頭税を払う義務がある。富裕者は四ディナール金貨（一ディナール金貨は四・二五グラムの金）、中間所得者は二ディナール金貨、貧困者は一ディナール金貨。年二回払いが可能」、「武器の所有は認められない」、「豚やぶどう酒をムスリムに販売しない。公共の場で飲酒しない」、「通例どおり、キリスト教徒は墓地を持つことができる」、「「イスラーム国」が定めた正しい服装や販売などの規則に従う」の一一項目からなるほか、商用で「イスラーム国」の外部から金銭を持ってきたキリスト教徒は、所有する金銭の一〇分の一を支払わなければならない旨の取り決めがあった。これとほぼ同趣旨の庇護契約は、二〇一四年にシリアのラッカ市でも提示された。

もっとも、画像31を見ると、条件項目に付された番号の七がとばされており、一二項目まで番号が振ってあっても実は一一項目しかないなど、書類は極めて杜撰なものである。イラクのモスルでは、キリスト教徒に人頭税を課す一方でイスラームへの改宗を強要するなどし、同地のキリスト教徒のほとんどは財産を没収された上追放された。[12] 非ムスリムを劣等市民として政治・社会・宗教的権利を規制するズィンミー制度を現代の社会に適用すること自体が議論や疑問を呼ぶところではあるが、「イスラーム国」はズィンミー制度を広報目的で設計し、その運用も杜撰だったことがわかる。

「イスラーム国」の統治に対する住民の反応

このような統治は、その対象となる支配下の住民の支持を得られただろうか？　非国家武装主体の研究において、非国家武装主体による統治が現れやすい条件として、国家の存在が希薄であることや、国家が住民を侵害したり疎外したりする場合が挙げられている。[13] イラク・シリアでは、二〇一四年頃に

「イスラーム国」が広域を占拠する前のイラク政府やシリア政府による住民に対する弾圧・虐待・差別、官憲の汚職を理由に、「イスラーム国」による統治が肯定的に評価される場合もみられる。[14]

非国家武装主体と制圧下の住民との関係は、前者が後者にどのような態度で臨むのか、後者の側に前者と交渉や対峙が可能な共同体があるかなどの諸条件によって決まる。住民の側に団結力の高い共同体がある場合に、非国家武装主体の側が徴税や治安維持を超えて住民に介入するような統治を行おうとすると、住民の側からの全面的な抵抗が起きやすくなる。一方、住民側に強力な共同体がなければ、住民は個別の逃亡という形で抵抗する。[15]

「イスラーム国」は住民の生活に強く干渉する統治を実践し、住民の側からの抵抗として、二〇一四年に「イスラーム国」に対し武装蜂起して粛清されたシリアのダイル・ザウル県のシュアイタート部族のような例がある。「イスラーム国」によるイスラーム統治は、それを実践することこそが同派の目的であり正しさの証明であった一方で、前述の干渉志向のように支配下の住民からの抵抗を受けやすい要素を多数含んでいた。

ターリバーンのイスラーム統治を巡る議論

ターリバーンによる統治も、様々な議論を呼んでいる。かつて「テロとの戦い」によって政権を追われたターリバーンが、復活し、政権を奪還し、国際的な承認の獲得を目指すなかで、同派の思考・行動様式がより柔軟なものへと変化したとの期待もある。しかし、ターリバーンが過去数年間に表明してきた統治の方針が、そうした期待に沿っているとは限らない。

ターリバーンの経済・社会政策については、同派やその政府が発信する政令や声明だけでなく、アラビア語の月刊誌『スムード』を通じてその基本的な考え方を知ることができる。それによると、政権奪還前の二〇二〇年の段階で、国家による社会基盤、資源、交通機関の管理や、「老若男女の権利の典拠はシャリーアである。男女は平等だが、造物主が男女に与えた役割は異なる」との原則を主張する記事が掲載されている。[16] また、政権奪取直後に刊行された二〇二一年八月号には、天然資源の公有化、報道機関の管理、経済活動と宗教教育の不可分を唱える記事が掲載された。[17] ここまでで、ターリバーンによる統治は管理志向が強く、支配下の住民の日常生活にも強く介入しうるものであることは明らかだ。

そうした介入で最も問題となるのが、女性に対する教育や服装、行動の制限である。『スムード』誌の論調では、ターリバーンは女性の教育を否定しているのではなく、「西洋が定めた方法による」女性教育を否定しているということになる。従って、ターリバーンの見解では、男女共学の教育現場では様々な危機や道徳的問題が発生しており、これを防止するためには教育の場での男女の完全分離が不可欠となる。

男女間で発生しうる様々な危機や道徳的問題を、女性の服装や行動を規制することだけで防止できるかについては、ムスリムの間からも疑義が呈されている。例えば、エジプトにおいては女性が髪や体全体を隠す「イスラーム的に正しい服装」をしていても、彼女たちに対する性的なからかいや嫌がらせが絶えることはない。しかも、そうした被害を訴える女性たちに、被害が生じるのは（「正しい服装」をしていても）女性の側に原因があると主張する、厳格なイスラーム実践の唱道者たちからの非難が浴びせられる。これに嫌気がさした女性のなかには、「イスラーム的に正しい服装」をやめ、厳格なイスラーム実践に反対する声を上げる者も現れている。[18]

イスラーム主義者が政権を担当しているわけではないエジプトの状況と、イスラーム過激派であるターリバーンが制圧しているアフガニスタンの状況とが異なるのは確かだ。しかし、女性の服装や行動への規制という措置によって、男女間の危機や道徳的問題を防止しようとする点や、それが発生した場合の責任を専ら女性の側にだけ負わせるという点において、エジプトとアフガニスタンとの間に違いはない。

これは、統治の論拠となるイスラームの解釈を、ターリバーンが制圧下の住民の世論や異議を取り入れて形成するか否かという問題に通じる。「テロとの戦い」以前のターリバーンの統治については、指導者たちのイスラーム解釈に基づくもので住民を排除していると評されており、[19]女性に関するターリバーンの諸措置は、「テロとの戦い」を経てもこの点に大きな変化が生じているわけではないことを示唆している。

恣意的に見逃されるイスラーム統治

「イスラーム国」やターリバーンの例とは異なり、統治の実践を変化させ、「テロとの戦い」をすり抜けたり、先進国・人権団体・報道機関などとの摩擦を回避したりすることに成功した例もみられる。それがシリア北西部を占拠するシャーム解放機構である。同派がアル＝カーイダからの（偽装）離脱や、攻撃や脅迫の対象の限定によって「テロとの戦い」を担った強国に迎合し、これらとの対決を回避していることは既に触れた。同派は、占拠した地域の統治においてもシリア救国内閣を名乗る組織に行政サービスの提供を委ね、自らは占拠地域の軍事と治安を掌握することに専念した。[20] これにより、イスラーム過激派が占拠地を統治しているという事実は後景化された。

シャーム解放機構が占拠する地域でも、教育現場における男女の分離や女性の服装規制は着実に実施されているのだが、この問題が外交や報道の場で提起されることはほとんどない。シャーム解放機構は、軍事や広報だけでなく統治においても「テロとの戦い」に適応して活動地を確保している。ここにも、当事国が自らの都合に沿ってテロリストを選定し、「テロとの戦い」を恣意的に進めてきたことが示されている。

4　日本社会の課題

「テロとの戦い」の顛末とイスラーム過激派の将来は、日本社会にとっても重大な問題である。日本自身も「テロとの戦い」に参加した国の一つである。また、「テロとの戦い」での軍事行動への参加の程度が相対的に低く、日本の領域内でイスラーム過激派の攻撃が行われたわけではないにもかかわらず、「テロとの戦い」の期間を通じてイスラーム過激派の攻撃で死傷した日本人の数が非常に多いことも、日本社会がこの問題に真摯に取り組むべき理由である。九・一一事件以後に、イスラーム過激派の関与が明らかな攻撃で死亡した日本人は六〇人近くに上っている。イスラーム過激派が日本人（権益）を攻撃したり、攻撃により日本人が死傷してもかまわないと考えたりしている理由は、イスラーム過激派が世界を「正しいムスリムとそれ以外」という二分法でしか認識できず、後者に暴力を振るうことを正しい行為と考えているからだ。犠牲者数の多さは、日本人が世界各地に様々な理由で渡航し、活発に活動していることの証でもあるのだが、だからこそ状況を確実に理解して、被害を避ける努力が不可欠だ。

問題は、日本の社会が常に「のど元過ぎれば熱さを忘れる」社会だということだ。海外で日本人が被害に遭うイスラーム過激派による攻撃事件が発生するたびに、情報収集や「事件が発生した後の」交渉の体制を構築する必要性が叫ばれる。この場合、必要な活動や人材として想像されるのは、現地の情報提供者やエージェントを使いこなす活動や、現地の様々な機関や団体に浸透する有能なスパイや工作員だろう。しかし、それは情報収集と分析という活動のごく一部に過ぎない。

俗にインテリジェンスと呼ばれる情報収集・分析活動には、情報提供者らを通じた人的手段、通信衛星や偵察機から得た画像を用いる手段、盗聴も含む通信傍受を用いる手段、そして報道や本書で分析の対象としている声明類のような公開情報を用いる手段など様々な分野がある。情報収集は、サイバー空間でのやり取りの観察や放射線量の計測などさらに分野と手法が拡大していくものである。また、収集した情報の分析においても、本書で挙げた通り計量分析などの学術的手法を導入し、分析の視点を多様化したり、新たな理論を確立したりすることが必須である。

ところが、イスラーム過激派による日本人（権益）への攻撃の被害が生じるたびに必要性が繰り返し叫ばれるのは、人的な情報収集や工作能力の分野に限られているように思われる。しかも、情報収集・分析の必要性を唱える議論のなかで、日本の領域やその周辺からは遠い場所で活動する場合が多いイスラーム過激派に関する情報収集・分析を支える法制度や、それに基づく公的機関の整備、民間の研究活動の支援が論点になることも皆無といってよい。様々な制約のなかでも官民によりイスラーム過激派についての情報収集・分析の体制構築の努力が進められてはいるものの、社会的関心は被害が生じた直後に一時的に高まるにとどまり、短期間のうちに忘れ去られてしまっている。その結果、数年おきに発生する重大事件のたびに、事件の当事者となった団体は何か、なぜ日本人（権益）を攻撃したのかなどの初歩的な問いとそれについての「解説」が繰り返される。多くの場合そのような「解説」は、観察の成果に基づくとはいえないご都合主義的な分析、初歩的な説明、歴史・思想に関する話題へのすり替えにとどまるものに過ぎない。

現在の日本を取り巻く情勢に鑑みると、危害を加えられる可能性がゼロではないという理由で諸外国との関係を断ち、国内に引き籠ることはイスラーム過激派の活動によって生じる問題の全てを回避する解決策とはなりえない。そのようななかでイスラーム過激派の観察や分析をするならば、それは防犯や防災と同様の発想、すなわち深刻な事態を引き起こさないための注意喚起と、万が一事件が発生した際に動揺しないための知見の集積を目的とせざるを得ない。[21] そのためにも、多様な分野で様々な手法を駆使し、社会的な関心の高低に影響されずに特定の課題（この場合はイスラーム過激派）を地道に観察することを評価したり、観察のために資源を投入したりする環境を整えることが、日本社会の課題である。もちろん、学術的な経歴を中東の地域研究専攻として始めた筆者としても、観察対象を「敵」と認識して研究することへの抵抗感は当然あり、それゆえに本邦におけるイスラーム過激派の研究や分析に十分な資源が投じられたり、研究が正当に評価されたりしていない状況をやむを得ないと感じることもある。しかし、イスラーム過激派についての研究と分析に対する理解が進まず、成果への評価も低いままでは、いつまでたっても数年おきに被害が繰り返されるという現状を改善することができないのも事実なのである。

おわりに

最後に本書での議論を総括し、「テロとの戦い」におけるイスラーム過激派の活動の変容と今後の展望について論じたい。

「テロとの戦い」が紆余曲折を経て変質してきたのと同様、「テロとの戦い」を闘ったイスラーム過激派も状況に合わせて様々に変化を繰り返してきた。変化の契機は、インターネットやスマートフォンの普及などのイスラーム過激派そのものとは無関係な技術や社会の変化の場合もあれば、「テロとの戦い」が恣意的に進められることに応じたイスラーム過激派諸派の生き残り戦術の転換もある。攻撃や脅迫の対象、広報の手法を状況に適応して変化させたからこそ、イスラーム過激派の一部は生き残ってきた。

そのなかには領域の占拠と統治を実現した団体もあるが、統治において周囲の環境や住民の世論などに対応できなければ、民心を失ってそれまでの活動で獲得した成果が水泡に帰す可能性も高い。既存の国家や政府が統治の失敗や住民への弾圧で民心を失ったことがイスラーム過激派の勢力伸張の一因となったことと、統治する側に立ったイスラーム過激派が民心を失って衰退する可能性があることは、表裏一体の関係にある。とりわけ、イスラームの解釈と実践において、イスラーム過激派が支配下の住民を含む外部の世論や社会の状況を考慮する余地に極めて乏しいという事実は、イスラーム過激派の将来を展望する上で重要な要素となる。

第一章では、どのような者がテロリストになるのかという点と、人々が紛争で活動する非国家武装主体に加わるのはなぜかという点を検討した。そこでは、テロリストとして組織を指揮・運営する者たちと、テロ組織の末端の構成員となる者たちとを区別すべきだということが示された。イスラーム過激派の末端の構成員となるような者、端的に言えば自爆攻撃の実行者になるような者は、イスラーム過激派の掲げる政治目標や綱領はもちろん、イスラームそのものについての理解もおぼつかない者である。このようなテロ組織の末端の構成員に勧誘されやすい境遇にある者を惹きつける誘因と、内戦のような紛争に参加する者を惹きつける誘因には共通点も多い。また、反乱者や犯罪者とテロリストの行動様式にも共通点が多い。「テロとの戦い」で対象地域の社会・経済開発に取り組んだのは、テロ組織の勧誘対象となり得る者たちに安定した職業や所得を提供することにより、勧誘に応じることの機会費用を上げることを意図したからだ。「テロとの戦い」は、戦争や武力を用いた弾圧としての側面が注目されがちだが、社会・経済開発にはテロ組織の末端の構成員を減らす効果がある点に鑑みれば、各国が巨額な資金を投じた事業や援助の効果の検証も重要な課題となるだろう。

末端の構成員たちとは異なり、一般にテロ組織を経営する者は経済的にも教育水準の上でも恵まれた者が多い。この傾向は、イスラーム過激派諸派を指導する者たちについてもあてはまる。彼らは、強固な政治的信念に基づいていかなる機会費用をものともせずに活動に邁進すると思われるかもしれない。しかし、実際にはそうではなく、彼らの目指すところはあくまで現実の世界での運動の成功、政治・社会状況の変革である。彼らの主義主張への支持が広がらなければ現実の世界での目的は達成できない。そこで、イスラーム過激派を含むテロ組織の活動家を増やさないためには、政治目標の達成のために暴力を用いるテロリズムへの支持が増さないよう、市民的自由を増進する、あるいはテロリズム以外の政治行動の機会費用を減らすことにつながる政治改革が重要となる。

「テロとの戦い」では改革（あるいは打倒）すべき国家や政体が恣意的に選定され、軍事攻撃を受けて打倒された政権があった一方で、攻撃も非難もまぬかれた国・政権もあった。このような恣意性に加え、テロ行為が世論に与える影響を封じ込める、すなわち言論や報道を統制することで「テロと戦う」という行動様式も現れた。テロ組織の政治的主張や、彼らが引き起こす事件そのものを一般の目に触れないようにすれば、テロ行為が世論に与える影響を抑えることはできる。また、テロリズムを肯定したり、テロ組織に参加したり、テロ組織を支持したりすることの機会費用を極端に上昇させれば、イスラーム過激派を含むテロ組織の活動を抑える上で効果があるのも事実だ。しかし、そのためには監視や弾圧を強化してもよいという強権統治を肯定する発想を招いたことも、「テロとの戦い」の重大な失敗の一つと考えてよいだろう。

第二章でイスラーム過激派諸派の成立過程と活動を概観したなかで、「テロとの戦い」の対象となったイスラーム過激派の組織・活動家と、それらの来歴について、事実に基づいているとは限らない物語が広く信じられている場合も多いことが明らかになった。このことにより、「テロとの戦い」はその当事者の一部に都合の良いストーリーに沿って理解されるとともに、当事者の一部があらかじめ用意した筋書きに沿って進められた。その反面、イスラーム過激派への武器供給の問題など、「テロと戦っている」はずの諸国がテロ行為を支援・放任しているという都合の悪い事実が報道や分析の主流に乗ることは決してなかった。

ビン・ラーディンらアル＝カーイダの創始者らがアメリカの支援を受けてアフガニスタンでソ連と戦おうとした者たちだったことから、イスラーム過激派を生み出したのはアメリカなどの西側諸国であるとの批判もある。イスラーム過激派について、特定の事実が強調されて広く流布する一方、別の事実は世に知られることもなく葬り去られるような状況は、中東への干渉や中東の資源の奪取を正当化するためにアメリカなどがイスラーム過激派を育成したと主張する陰謀論が絶えない理由の一つだろう。「テロとの戦い」を通じたイスラーム過激派の変化のなかで最も顕著なものは、その広報の手法の進歩であろう。イスラーム過激派は、敵方による監視や摘発、情報隠蔽を逃れ、自らの主張を最大限社会に拡散させることを追求するなかで、「テロとの戦い」を主導した諸国における自由なインターネットの利用、言論や表現の自由が保障された環境に寄生する広報体制を築くに至った。特に、SNSの普及は、イスラーム過激派自身の公式な経路によらない、組織とは無関係のファンたちを通じた情報の拡散や資源の調達を流行させた。このことは、イスラーム過激派の存在が極めて現代的な現象であることを如実に示している。

しかし、イスラーム過激派にとってもSNSの普及は好ましくない事態を引き起こした。それは、従来は現場のムジャーヒドゥーンや活動家の間の人的関係・信頼関係に依拠していたイスラーム過激派の活動に、ネットやSNSの中だけで見物人として関与する者たちが介在する道を開いたことである。第三章で分析した通り、SNS上で流布した情報には競合・敵対するイスラーム過激派同士での機密情報の暴露や根拠のない誹謗中傷のようなものが多数あった。これらは実質的には部外者に過ぎない共鳴者やファンによるSNS上の言論活動でありながら、現場のイスラーム過激派間の関係に不可逆的な分断と対立をもたらすこととなった。

また、第四章では、アメリカのトランプ大統領の言動がSNSを通じて世界的に報道機関や世論の関心を集めたことにより、イスラーム過激派への関心が低下したことを指摘した。インターネットを通じて大量の情報が流通することは、一度その波に乗れば大きな成果を上げられる一方、波から落ちてしまえば世論から顧みられなくなってしまう危険性があるという意味で、ネット上でのイスラーム過激派の活動は脆弱さも抱えている。

「テロとの戦い」を主導した欧米諸国は、それが長期化するに従い正規軍をはじめとする自国の資源を投入することを避けるようになっていった。また、「テロとの戦い」の舞台となった中東地域の諸国などの政府は、イスラーム過激派に対抗するだけの力量のある正規軍・治安部隊を持っていないことが多かった。その結果、「テロとの戦い」の現場では、各国の正規軍や治安部隊に代わり、民兵（非国家武装主体）が起用される傾向が強まった。同様に非国家武装主体の一種であるテロ組織やイスラーム過激派への対策として民兵が起用される場面が増えたことは、「テロとの戦い」の現場での人権侵害や犯罪行為に対して国家や国際機関の監視が及ばなくなったり、本来は国家が負うべき責任・負担を外部に転嫁したりしたことを意味する。「テロとの戦い」の現場が非国家武装主体同士の交戦に特徴づけられるようになったことにより、現場での戦闘や侵害行為は、法的な責任を負う者が不明確なより陰惨なものへと変わっていった。

過去二〇年を振り返ると、アフガニスタン、イラクのように、本邦をはじめとする世界の国々が長期間にわたって政府を支援し公務員らの育成を図ってきた場所でイスラーム過激派が伸張し、統治を実践した。その理由を説明する際に、現地の政府や官憲の不行跡や機能不全が挙げられることもある。しかし、第五章で述べたようにそれをイスラーム過激派の伸張の主な原因だとするならば、そのような能力の低い政府・官憲を支援してきた諸国にもその責任の一端がある。

日本や欧米諸国で営まれているような統治のあり方が、全世界に通用するお手本・理想形であるとはもはや考えられていない。しかし、それは各地の紛争の予防や収束に国際的な働きかけや支援が必要ないことを意味するのではない。中東諸国やムスリムとの関わりにおいて、イスラーム過激派、そして彼らの行動様式であるテロリズムの流行を防ぐという視点や発想の必要性が無用になったわけでもない。テロリズムの流行防止のためには市民的自由に対する抑圧の軽減が重要である。テロリズムの流行防止という発想が中東諸国民を「テロリスト扱いしている」との批判があるが、それは現在彼らが暮らす抑圧的な政治・社会状況についての問題提起をタブー化し、かえって彼らの市民的自由の増進を阻害する恐れがあることにも留意しなくてはならない。

イスラーム過激派のいう「正しいイスラーム」を信仰したり実践したりしていないという意味でも、アメリカの同盟国という意味でも、イスラーム過激派に敵対する各国・政府への支援者という意味でも、日本はイスラーム過激派の「敵」であり、「テロとの戦い」の当事者である。イラクでは二〇〇三～〇五年という比較的短期間の間に、所属や、渡航・活動目的や、「テロとの戦い」やイスラーム過激派に対する立場や意見が大きく異なるとも思われる日本人が六人も犠牲になった。うち二人についてはイスラーム過激派による脅迫や殺害の動画が公開されている。シリアでも、同地に赴いた動機が全く異なる二人が「イスラーム国」によってとらえられ、脅迫と殺害の映像が公開された。このような状況下でイスラーム過激派に無関心でいることは、気象状況に全く関心を持たずに冬山登山や海洋航海に出かけるに等しい。気象観測には及ばないにせよ、イスラーム過激派を常時観察・分析し、それについて発信する体制を構築することと、そこから発信された情報に相応の関心を払い続けることが、日本社会の課題である。

用語解説

アフガン戦争　二〇〇一年一〇月に、アメリカが率いる連合軍がアル＝カーイダの活動拠点の破壊、同派を庇護するターリバーンの政権の打倒を試みてアフガニスタンに侵攻した戦争。ターリバーンを政権から放逐して国際的な支援を受けるアフガニスタン政府を樹立したが、同派の抵抗が続いた。二〇二〇年二月にアメリカとターリバーンとの間に和平協定（ドーハ合意）が成立し、これに沿う形でアメリカ軍の撤退が進むと、ターリバーンが攻勢を強化した。二〇二一年八月に攻勢を受けたアフガニスタン政府が崩壊し、ターリバーンが政権に返り咲いた。

アル＝カーイダ　一九八〇年代〜九〇年代にアフガニスタンでのソ連に対する戦闘に参加したアラブ人たちからなるネットワークを起源とする。一九九〇年代後半からはビン・ラーディンの指導により世界各地でアメリカ権益に対する攻撃を行い、二〇〇一年以降「テロとの戦い」の主要な対象の一つとなった。二〇〇〇年代には、世界各地のイスラーム過激派がビン・ラーディンへの忠誠表明を通じてアル＝カーイダのフランチャイズとなる「アル＝カーイダ現象」が生じ、ビン・ラーディンやザワーヒリーらはアル＝カーイダ総司令部として知られるようになる。しかし、アル＝カーイダ総司令部自身は攻撃を企画・実行する能力を喪失していった。二〇一〇年代には衰退し、二〇一一年にビン・ラーディン、二〇二二年にザワーヒリーがアメリカ軍に殺害された。

「イスラーム国」 アブー・ムスアブ・ザルカーウィーがアフガニスタンで活動していた頃の組織であるタウヒードとジハード団を起源とする。タウヒードとジハード団は、イラク戦争勃発の前後にイラクに移転し、外国人の誘拐・斬首など凶悪事件を多数引き起こした。二大河の国のアル＝カーイダ（二〇〇四年）、ムジャーヒドゥーン・シューラー評議会（二〇〇六年一月）、イラク・イスラーム国（二〇〇六年秋）、イラクとシャームのイスラーム国（二〇一三年）を経て、二〇一四年六月にカリフ制の復活を唱えて「イスラーム国」に改称した。

イラク戦争 二〇〇三年三月二〇日に、アメリカが率いる連合軍がイラクに侵攻したことで始まる戦争。これによりイラクのフセイン政権が倒され、同年五月には当時のブッシュ（子）大統領が大規模戦闘の終結を宣言した。しかし、その後イラク国内の治安が著しく悪化し、連合軍の戦闘は続いた。二〇一〇年八月三一日にオバマ大統領があらためて戦闘終結を宣言し、同大統領は二〇一一年一二月一四日にアメリカ軍の完全撤収をもってイラク戦争の終結を宣言した。

イランの民兵 シリア政府は、シリア紛争による正規軍の損害の増加や兵員の離反に苦しんだ。シリア政府は正規軍の弱体化を補うため、民兵を編成した。民兵の一部は、革命防衛隊やヒズブッラーを介してイランから訓練や装備の提供を受けた。このため、シリア政府と敵対するイスラーム過激派や、アメリカなどイランによるシリアへの浸透を嫌う諸国は、イランの支援を受けるシリアの民兵諸派をイランの民兵と呼称して敵視している。

革命防衛隊 イラン革命（一九七九年）後、正規軍とは別に設けられたイランの軍事組織。大衆動員組織バスィージ、対外工作機関ゴドス軍などを擁する。シリア、レバノン、パレスチナなどアラブ諸国での反イスラエル武装闘争の支援などを行う。シリア紛争では、シリア政府を支援してイスラーム過激派と直接・間接に交戦した。イラクでも地元の民兵を育成・支援して「イスラーム国」と交戦した。

カリフ　預言者ムハンマドの後継者、または代理人という意味。ムハンマド亡き後のイスラーム共同体の首長。「イスラーム国」は、自らカリフを擁立し、他のイスラーム過激派諸派、ひいてはイスラーム共同体全体に、この自称カリフに忠誠を誓うよう要求した。

クルディスタン労働者党（PKK）　一九七八年にトルコで結成された。クルド人の独立国家建設を目指す。一九八〇年代〜二〇〇〇年代にトルコ東南部を中心に武装闘争を行い、一般住民も巻き込む大きな被害をもたらした。トルコ政府などからテロ組織に指定されている。指導者のアブドゥッラー・オジャランは一九九九年にトルコ政府に逮捕された。

グローバル・イスラミック・メディアフロント（GIMF）　二〇〇〇年代に活動を始めた、インターネット上の運動。アル＝カーイダをはじめとするイスラーム過激派の声明や動画を拡散する役割を担い、声明などを多言語に翻訳する活動も行っている。人員や指導者などの詳細は不明。

サラフィー主義　イスラーム初期の時代を生きた父祖（＝サラフ）を理想化し、それへの回帰を説く政治・思想潮流。

シーア派　預言者ムハンマドの後継として、ムハンマドの娘婿のアリーとその子孫こそがイスラーム共同体の首長となるべきとの立場をとる人々。現在、ムスリムの約一割を占める。シーア派には様々な分派があるが、イラン、イラク南部、レバノンなどに分布する一二イマーム派のみを指して用いられることもある。イスラーム過激派のなかには、シーア派をスンナ派と異なる見解・実践を持ち、イスラーム共同体を内から蝕む外敵よりも有害な存在として敵視するものもある。

ジハード　アッラーのために自己を犠牲にして闘うこと。イスラーム共同体の拡大や防衛のため、ムスリムに課された連帯義務。

ジハード主義　イスラーム主義の政治目標を、ジハードによって達成しようとする政治・思想潮流。

ジハード団　一九六〇年代にエジプトで結成された。イスラーム法に背く為政者へのジハードを説く。アンワル・サダト大統領の暗殺事件（一九八一年）などを引き起こしたが、一九九〇年代に弾圧を受け、エジプト国内の組織は壊滅した。アイマン・ザワーヒリーを輩出した。

シャリーア　イスラーム法のこと。ムスリムにとって、シャリーアは社会生活の全てを包括する法であり、時代や場所を問わず有効なものとみなされる。シャリーアを国内法として実際に運用することは、イスラーム主義の政治目標の一つである。ターリバーン、「イスラーム国」などがある領域を制圧してそれを統治する際も、シャリーアを適用していると称して裁判や行政を行う。

シリア紛争　二〇一一年三月に、「アラブの春」の影響を受けてシリアで発生した反政府抗議行動を契機に、シリア全土に広がった紛争。シリア政府とそれを支援するイラン、ロシア、レバノンのヒズブッラーなどと、反体制派を支援した欧米諸国、トルコ、アラビア半島諸国との間の国際紛争としての性質も帯びる。二〇一二年以降はイスラーム過激派が反体制派の武装闘争の主力となり、アル＝カーイダや「イスラーム国」がシリア領を占拠したほか、アンサール・イスラーム団、トルキスタン・イスラーム党などシリア国外で活動していたイスラーム過激派もシリアに流入した。世界各地のイスラーム過激派の支持者やファンが、イスラーム過激派に合流を試みてシリア領に潜入する問題や、多数のシリア人難民が隣接国やEU諸国に殺到する難民危機の原因となった。

スンナ派　イスラーム初期に発生した諸分派に対し、共同体の団結とコンセンサス形成を重視した人々を起源とする。現在、ムスリムの約九割がスンナ派。

ソビエト連邦によるアフガニスタンへの軍事侵攻　共産主義政権に対する反乱に対処するため、一九七九年に当時のソビエト連邦がアフガニスタンに軍事介入したもの。アメリカなどが反乱勢力側を支援し、アブドゥッラー・アッザームやビン・ラーディンも反乱側を支援する活動をした。ソ連軍は、一九八九年に撤退した。

ナフダ党　チュニジアのイスラーム主義政党。一九八九年に結党。ナフダとは、覚醒、復興という意味。長らく政府から認可されなかったが、二〇一一年の政変を契機に合法化され、一時は政権与党となるなど、チュニジアの主要政党の一つとなった。

ヒジュラ　移住という意味。預言者ムハンマドが、マッカでの弾圧を避け信徒を率いてマディーナに移住したことを指す。現代のイスラーム主義の文脈では、不信仰の社会からの離脱や、世界各地からイラク・シリアで「イスラーム国」に合流するための越境移動を指して用いられることもある。

ヒズブッラー　一九八二年のイスラエルによるレバノン侵攻を契機に結成された、レバノンの政党・反占領武装闘争組織。レバノン内戦（一九七五〜九〇年）の当事者でもある。イラン・イスラーム共和国を範とする政治体制の樹立を標榜し、イランによる支援を受けた。レバノン内戦終結後もイスラエルによるレバノン領占領の解消を理由に軍事組織を維持し、二〇〇六年のイスラエルとの交戦などを経て有力な軍事組織としての地位を確立した。シリア紛争では、シリア政府を支援して紛争に参戦した。イスラーム過激派（特に「イスラーム国」）の多くからは、シーア派によるイスラーム共同体破壊の代表格として敵視される。

フィトナ　騒乱という意味。イスラーム共同体を分裂させるような内乱・内戦を意味する。イスラーム過激派の活動の文脈では、イスラーム過激派諸派間の武力衝突のような、本来の敵との闘いを害する騒乱という意味で用いられる。

フーシー派　イエメンの政治・軍事団体。正式名称はアンサール・アッラー。イエメン北部を主な居住地とするイスラームの宗派のザイド派の一部による社会・政治運動として、一九九〇年代から活動を始めた。イエメン政府との武力衝突を繰り返したが、「アラブの春」による政治混乱を経て二〇一四年に首都サナアを掌握した。同派の伸張に対し、サウディアラビアが率いるアラブ諸国の連合軍が介入し、戦争状態となっている。ザイド派はシーア派の一派とみなされ、アンサール・アッラーもイランからの支援を受けているため、アラビア半島のアル＝カーイダや「イスラーム国」から敵視されている。

不信仰者宣告（**タクフィール**）　ムスリムの個人や集団をカーフィル（不信仰者）と宣告すること。宣告を受けた者は殺害の対象となる。近現代には、イスラーム過激派はイスラームに背く為政者と政治体制をタクフィールし、これに対する政治・軍事活動が行われるようになった。

マグリブ　アラビア語で日没の地（＝西）を意味し、狭義にはチュニジア、アルジェリア、モロッコを指す。広義にはこれにリビア、モーリタニアを加えた地域。対語はマシュリク。

マシュリク　アラビア語で日が昇る地（＝東）を意味し、エジプト以東のアラブ地域をさす。対語はマグリブ。

ムジャーヒド　ジハードを闘う人という意味。複数形はムジャーヒドゥーン（格変化によってはムジャーヒディーン）。

ムスリム同胞団　一九二八年にエジプトで結成されたイスラーム主義の大衆組織。シリア、ヨルダン、パレスチナなどアラブ諸国にも広がった。各国で、有力な政治運動や反体制運動を担うなどしたため、代表的なイスラーム主義組織とみなされる。有力な反体制派として、エジプト、シリアでは非合法化されるなど弾圧をうけた。エジプトでは、「アラブの春」を受けて合法化され、二〇一二～一三年に大統領を輩出するなど政権与党となったが、二〇一三年のクーデタで政権を追われた上、エジプトを含む複数のアラブの国からテロ組織に指定された。

ラマダーン　イスラーム暦の第九月で、ムスリムにはこの月の日の出から日没までの間、断食が推奨される。

湾岸危機　一九九〇年八月の、イラクによるクウェイト占領を契機とするペルシャ湾地域の外交・軍事危機。一九九一年一～二月の、アメリカを中心とする多国籍軍がイラクと戦った湾岸戦争へと続く。

本書に登場する主なイスラーム過激派の団体・組織

＊文中の人名は主な指導者

アデン・アビヤン・イスラーム軍　二〇〇〇年代にイエメンで活動したと思われる組織。

アブ・サヤフ　フィリピンのムスリムによる反体制派武装勢力のうち、アル＝カーイダと連携した団体。

アブー・ハフス・ミスリー部隊　二〇〇四〜〇五年にかけてネット上でイスラーム過激派を称して脅迫声明を発表した偽声明の発信者の一つ。

アブドゥッラー・アッザーム部隊　レバノンで活動していたが、二〇一九年に解散した。二〇〇九年にホルムズ海峡での日本タンカー爆破事件の犯行声明を発表したこともある。

アラビア半島南部のアル＝カーイダ　二〇〇〇年代にイエメンで活動したと思われる組織。

アラビア半島のアル＝カーイダ（旧）　二〇〇三〜〇七年頃に主にサウディアラビアで多数の襲撃事件を起こした。二〇〇九年にイエメンの諸派と統合・再編した。

アラビア半島のアル＝カーイダ（新） 二〇〇九年に統合・再編。アンワル・アウラキー。ハーリド・バータルフィー。

アル＝カーイダ総司令部 二〇〇〇年代にアル＝カーイダのフランチャイズが世界に拡大した後、アフガニスタン、パキスタンなどに潜伏したウサーマ・ビン・ラーディン、アイマン・ザワーヒリーらを指して用いられるようになった名称。

アンサール・イスラーム団 一九九〇年代にイラク北部で結成された。二〇〇〇年代はイラクでアメリカ軍などへの武装闘争を行い、二〇〇五年には日本人の殺害事件を引き起こした。二〇一〇年代にシリアに移転した。

アンサール・シャリーア 二〇〇九年頃からアラビア半島のアル＝カーイダの別働部隊として領域の占拠を目的とする活動を展開した。

アンサール・スンナ軍 アンサール・イスラーム団の別称。二〇〇五年のイラクでの日本人殺害事件当時は、この名称を用いていた。

アンサール・スンナ団 アンサール・イスラーム団の別称。二〇〇六～〇七年にこの名称を使用した。

イエメンのアル＝カーイダ 二〇〇九年にアラビア半島のアル＝カーイダと統合・再編した。

イエメンの地のアル＝カーイダ 二〇〇〇年代にイエメンで活動したと思われる組織。

イエメンの兵士部隊　二〇〇〇年代にイエメンで活動したと思われる組織。

「イスラーム国」　二〇一四年にイラクとシャームのイスラーム国が改称。アブー・バクル・バグダーディー。アブー・イブラーヒーム・ハーシミー・クラシー。アブー・ハサン・ハーシミー・クラシー。

イスラーム的マグリブのアル＝カーイダ　二〇〇七年に教宣と戦闘のためのサラフィー集団（GSPC）が改称。アブー・ムスアブ・アブドゥルウドゥード。

イスラームとムスリム支援団（JNIM）　二〇一七年に、イスラーム的マグリブのアル＝カーイダの下で北アフリカ・サヘル地域のイスラーム過激派諸派が合同して発足した。

イスラームの盾部隊　二〇〇〇年代にイラクで活動した。

イラク・イスラーム国　二〇〇六年秋にムジャーヒドゥーン・シューラー評議会を基に結成。「イスラーム国」の前身。アブー・ウマル・バグダーディー。アブー・バクル・バグダーディー。

イラク・ハマース　二〇〇〇年代にイラクで活動した。

イラク抵抗のためのイスラーム戦線（ジャーミウ）　二〇〇〇年代にイラクで活動した。

イラクとシャームのイスラーム国　二〇一三年にイラク・イスラーム国が改称。「イスラーム国」の前身。

イラクのイスラーム軍　二〇〇〇年代にイラクで活動した。
インド亜大陸のアル゠カーイダ　二〇一四年に結成。インド、パキスタンで活動。
エルサレムの支援者団　エジプトのシナイ半島で活動していたが、二〇一四年に「イスラーム国」に合流した。
北ヨーロッパのアル゠カーイダ　二〇〇五年に脅迫声明を発表した偽声明の発信者の一つ。
教宣と戦闘のためのサラフィー集団（GSPC）　一九九八年にアルジェリアのイスラーム過激派を再結集して結成。イスラーム的マグリブのアル゠カーイダの前身。
コーカサス首長国　二〇〇七年に結成。チェチェンなどのロシア連邦の団体。
サラーヤー・ムジャーヒドゥーン　二〇〇四年四月にイラクで発生した日本人誘拐事件の脅迫映像を発信した。これ以外の活動は確認できない。
ジハードと改革戦線　二〇〇〇年代にイラクのイスラーム過激派が結成した連合体の一つ。
ジハードと変革戦線　二〇〇〇年代にイラクのイスラーム過激派が結成した連合体の一つ。
シャバーブ運動　二〇〇七年頃に結成。ソマリアを拠点とし、ケニアなど周辺諸国でも攻撃を実行した。二〇一二年に公式にアル＝カーイダに加入した。

ジャマーア・イスラミア　インドネシアの代表的な団体。

シャーム解放機構　二〇一七年にシャーム征服戦線が改称。

シャーム自由人運動　シリア紛争下で活動した組織の一つ。アブー・ハーリド・スーリー。

シャーム征服戦線　二〇一六年にヌスラ戦線がアル＝カーイダから偽装離脱して改称。

宗教擁護者機構　二〇一八年にシャーム解放機構とアル＝カーイダとの偽装分離（二〇一六年）に反対したアル＝カーイダ忠誠派が、シャーム解放機構から離脱して結成。

殉教者ハンムーディー・ミスリー部隊　二〇〇四年に東アジアのアル＝カーイダを称して声明を発表した偽声明の発信者の一つ。

スンナと教宣とジハードの民団（ボコハラム）　ナイジェリアの団体。二〇一五年に「イスラーム国」に合流したが、一部は独自に活動して「イスラーム国」と抗争した。アブー・バカル・シカーオ。

一九二〇年革命部隊　二〇〇〇年代にイラクで活動した。

戦闘前衛　一九七〇年代～八〇年代初頭にシリアで反体制武装闘争を行った。アブー・ムスアブ・スーリーを輩出した。

タウヒードとジハード団　二〇〇三年頃からイラクで活動した。アブー・ムスアブ・ザルカーウィー。

ターリバーン　一九九四年頃にアフガニスタンで結成。ムハンマド・ウマル。二〇〇一年、ビン・ラーディンらアル＝カーイダを庇護したとしてアメリカ軍などの攻撃を受け、アフガニスタンの政権を追われた。二〇二一年にアメリカ軍の撤退に伴い政権を奪回した。

トルキスタン・イスラーム党　中国のウイグル人からなるイスラーム過激派。一九九〇年代に活動を始め、アフガニスタンなどに拠点を置いた。二〇一二年頃から一部はシリアに移転し、同国内に家族らとともに入植した。

ナクシュバンディー教団のリジャール軍　二〇〇〇年代にイラクで活動した。イラクのバアス党の残党とされる。

二大河の国のアル＝カーイダ　二〇〇四年にタウヒードとジハード団が改称。「イスラーム国」の前身。

ヌスラ戦線　二〇一一年末にイラク・イスラーム国のフロント団体としてシリアに出現。アブー・ムハンマド・ジャウラーニー。

パキスタン・ターリバーン運動（**TTP**）　二〇〇七年に結成。パキスタン北西部が主な活動地。

秘密組織団　二〇〇四～〇五年にかけて、ネット上でイスラーム過激派を称して脅迫声明を発表した偽声明の発信者の一つ。

ファーティフーン軍　二〇〇〇年代にイラクで活動した。

武装イスラーム集団（GIA）　一九九〇年代にアルジェリアで活動した。アルジェリア社会全体を不信仰とみなして攻撃するなどしたため、支持を失って消滅した。

ムジャーヒドゥーン・シューラー評議会　「イスラーム国」の前身。二大河の国のアル＝カーイダがイラクの武装勢力諸派を吸収して二〇〇六年一月に結成。

ムジャーヒドゥーン軍　二〇〇〇年代にイラクで活動した。

ムラービトゥーン　二〇一三年にアルジェリアでイナメナス事件を起こした。血判部隊、覆面部隊との別称もある。ムフタール・ベルムフタール。

リビアの戦闘的イスラーム集団　二〇〇七年にアル＝カーイダに加入したと発表された。アブー・ライス・リービー。

索引

ア行

カ行

サ行

マ行

ラ行

ワ行

参考文献一覧

青山弘之［2012］『混迷するシリア――歴史と構造から読み解く』岩波書店。

――［2013］「「アラブの春」の通俗的理解がシリアの紛争にもたらした弊害」、『中東研究』No. 516、34–43頁。

――［2021］『膠着するシリア――トランプ政権は何をもたらしたか』東京外国語大学出版会。

猪口孝［2004］「テロリズム」、『【縮図版】政治学事典』弘文堂、774頁。

今井宏平編著［2022］『教養としての中東政治』ミネルヴァ書房。

遠藤貢［2014］「はじめに――体制の転換と非転換を考える」、日本比較政治学会編『日本比較政治学会年報第16号　体制転換／非転換の比較政治』ミネルヴァ書房、i–x頁。

――［2020］「アッシャバーブの変容と展開」、『中東研究』No. 538、38–51頁。

大塚和夫・小杉泰・小松久男ほか編［2002］『岩波イスラーム辞典』岩波書店。

川島緑［2012］『イスラームを知る9　マイノリティと国民国家　フィリピンのムスリム』山川出版社。

私市正年［2004］『北アフリカ・イスラーム主義運動の歴史』白水社。

クルーガー、アラン・B［2008］『テロの経済学――人はなぜテロリストになるのか』藪下史郎訳、東洋経済新報社。

ゲイロー、J=F／D・セナ［2008］『テロリズム――歴史・類型・対策法』私市正年訳、白水社。

ケペル、ジル［2006］『ジハード――イスラム主義の発展と衰退』丸岡高弘訳、産業図書。

小林良樹［2020］『テロリズムとは何か――〈恐怖〉を読み解くリテラシー』慶應義塾大学出版会。

佐藤郁哉［2010］『フィールドワーク増訂版　書を持って街へ出よう』第5刷、新曜社。

白谷望［2019］「革命後のチュニジアが見せた2つの顔――民主化とテロリズム」、髙岡豊・溝渕正季編著『「アラブの春」以後のイスラーム主義運動』ミネルヴァ書房、205–227頁。

末近浩太［2018］『イスラーム主義――もう一つの近代を構想する』岩波書店。

――［2019］「「アラブの春」以後のイスラーム主義運動――権威主義・過激主義・宗派主義」、髙岡豊・溝渕正季編著『「アラブの春」以後のイスラーム主義運動』ミネルヴァ書房、9–28頁。

鈴木恵美［2013］『エジプト革命――軍とムスリム同胞団、そして若者たち』中央公論新社。
タウンゼンド、チャールズ　［2003］『テロリズム』宮坂直史訳・解説、岩波書店。
髙岡豊［2006］「シリアからイラクへの「ムジャーヒドゥーン」潜入の経路と手法」、『現代の中東』No. 41、47–64 頁。
―――［2007］「イラクの治安情勢と「武装勢力」についての考察」、『中東研究』No. 496、85–95 頁。
―――［2012］「越境する興奮、越境しない世界観」、『地域研究』Vol. 12, No. 1、京都大学地域研究統合情報センター、188–199 頁。
―――［2013］「「潜入問題」再考――シリアを破壊する外国人戦闘員の起源」、『中東研究』No. 516、83–91 頁。
―――［2014a］「シリア――イスラーム過激派の伸張とその背景」、『中東研究』No. 519、37–51 頁。
―――［2014b］「イスラーム過激派とマシュリク社会「アラブの春」とテロリズムの将来」、『アジア経済』55 巻 1 号、53–66 頁。
―――［2015a］「「イスラーム国」とシステムとしての外国人戦闘員潜入」、『中東研究』No. 522、18–31 頁。
―――［2015b］「「イスラーム国」の声明の読み方」yahoo! ニュース（個人）、10 月 7 日 https://news.yahoo.co.jp/byline/takaokayutaka/20151007-00050226
―――［2015c］「「イスラーム国」と戦うとはどういうことか」yahoo! ニュース（個人）、11 月 21 日 https://news.yahoo.co.jp/byline/takaokayutaka/20151121-00051664
―――［2016a］「「イスラーム国」の構成員名簿の流出の意味」yahoo! ニュース（個人）、3 月 12 日 https://news.yahoo.co.jp/byline/takaokayutaka/20160312-00055342
―――［2016b］「日本人「が」/「も」/「だから」イスラーム過激派の攻撃対象になる時代を生きる」yahoo! ニュース（個人）、7 月 9 日 https://news.yahoo.co.jp/byline/takaokayutaka/20160709-00059797
―――［2016c］「「イスラーム国」の広報の仕組みと機能を知ろう」yahoo! ニュース（個人）、7 月 17 日 https://news.yahoo.co.jp/byline/takaokayutaka/20160717-00060072
―――［2016d］「大詰めを迎える「イスラーム国」対策――足を引っ張るのはだれか？」yahoo! ニュース（個人）、11 月 27 日 https://news.yahoo.co.jp/byline/takaokayutaka/20161127-00064877
―――［2017a］「シリア――紛争とイスラーム過激派の台頭」、山内昌之編著『中東と IS の地政学――イスラーム、アメリカ、ロシアから読む 21 世紀』朝日新聞出版、79–97 頁。
―――［2017b］「イスラーム急進派とテロリズムの研究」、私市正年・浜中新吾・横田貴之編著『中東・イスラーム研究概説――政治学・経済学・社会学・地域研究のテーマと理論』明石書店。

——— [2017c]「トランプ大統領の「テロ対策」における目覚しい成果」yahoo! ニュース（個人)、2 月 1 日 https://news.yahoo.co.jp/byline/takaokayutaka/20170201-00067246
——— [2017d]「ポスト「イスラーム国」を展望する」yahoo! ニュース（個人)、5 月 31 日 https://news.yahoo.co.jp/byline/takaokayutaka/20170531-00071585
——— [2017e]「「イスラーム国」からの「帰還者」の脅威ってどういうこと？」yahoo! ニュース（個人)、10 月 26 日 https://news.yahoo.co.jp/byline/takaokayutaka/20171026-00077401
——— [2017f]「「イスラーム国」との闘いとは何だったのか」yahoo! ニュース（個人)、12 月 22 日 https://news.yahoo.co.jp/byline/takaokayutaka/20171222-00079572
——— [2018a]「「便りがないのは無事の知らせ」ではないアフガニスタン情勢」yahoo! ニュース（個人)、4 月 30 日 https://news.yahoo.co.jp/byline/takaokayutaka/20180430-00084647
——— [2018b]「「移民の増加」＝過激派「テロ」の増加？――イスラーム過激派モニターの視点から」yahoo! ニュース（個人)、12 月 2 日 https://news.yahoo.co.jp/byline/takaokayutaka/20181202-00106240
——— [2018c]「イスラーム過激派の対日脅威の兆候を見逃すな！」yahoo! ニュース（個人)、12 月 15 日 https://news.yahoo.co.jp/byline/takaokayutaka/20181215-00107773
——— [2019a]「イスラーム過激派の系譜――アフガニスタンから「イスラーム国」まで」、髙岡豊・溝渕正季編著『「アラブの春」以後のイスラーム主義運動』ミネルヴァ書房、287–312 頁。
——— [2019b]「アメリカ軍撤退とシリア――「イスラーム国」対策としては逆効果」yahoo! ニュース（個人)、3 月 6 日 https://news.yahoo.co.jp/byline/takaokayutaka/20190306-00117140
——— [2019c]「イスラーム過激派の没落とアメリカ軍のサウジ駐留再開」yahoo! ニュース（個人)、7 月 29 日 https://news.yahoo.co.jp/byline/takaokayutaka/20190729-00136105
——— [2019d]「「日本権益を攻撃した」イスラーム過激派団体の解散」yahoo! ニュース（個人)、11 月 23 日 https://news.yahoo.co.jp/byline/takaokayutaka/20191123-00152029
——— [2019e]「アフガニスタンでの中村医師殺害事件（ターリバーンの観察)」yahoo! ニュース（個人)、12 月 5 日 https://news.yahoo.co.jp/byline/takaokayutaka/20191205-00153667
——— [2020a]「シリアで表出するもう一つの「ウイグル問題」」yahoo! ニュース（個人)、7 月 14 日 https://news.yahoo.co.jp/byline/takaokayutaka/20200714-00187966
——— [2020b]「ヴェールは女性を守らない？――中東のセクハラ問題」yahoo! ニュース（個人)、7 月 21 日 https://news.yahoo.co.jp/byline/takaokayutaka/20200721-00189050

——— [2020c]「イスラーム過激派の食卓（アンサール・イスラーム団）」yahoo! ニュース（個人）、10 月 19 日 https://news.yahoo.co.jp/byline/takaokayutaka/20201019-00203568
——— [2020d]「フランスが「いつも」イスラーム過激派のマトにかかるのは何故か？」yahoo! ニュース（個人）、11 月 10 日 https://news.yahoo.co.jp/byline/takaokayutaka/20201110-00207150
——— [2020e]「イスラーム過激派の食卓（トルキスタン・イスラーム党（シャーム））」yahoo! ニュース（個人）、12 月 6 日 https://news.yahoo.co.jp/byline/takaokayutaka/20201206-00211281
——— [2021a]「「イスラーム国」の下での理想的生活」、高尾賢一郎・後藤絵美・小柳敦史編『宗教と風紀――〈聖なる規範〉から読み解く現代』岩波書店、289–307 頁。
——— [2021b]「治安――イスラーム過激派の越境移動の論理とメカニズム」、中村覚監修・末近浩太編著『シリーズ・中東政治研究の最前線 2――シリア・レバノン・イラク・イラン』ミネルヴァ書房、191–222 頁。
——— [2021c]「アフガニスタン――ターリバーンと暮らす清く正しく美しい生活」yahoo! ニュース（個人）、8 月 14 日 https://news.yahoo.co.jp/byline/takaokayutaka/20210814-00253228
——— [2021d]「アフガニスタン――アル＝カーイダ諸派がターリバーンの勝利を祝福する」yahoo! ニュース（個人）、8 月 19 日 https://news.yahoo.co.jp/byline/takaokayutaka/20210819-00254002
——— [2021e]「アフガニスタン――続・ターリバーンと暮らす清く正しく美しい生活」yahoo! ニュース（個人）、9 月 1 日 https://news.yahoo.co.jp/byline/takaokayutaka/20210901-00256144
——— [2021f]「「イスラーム国」がマトを選ぶことについての考察」yahoo! ニュース（個人）、11 月 1 日 https://news.yahoo.co.jp/byline/takaokayutaka/20211101-00266077
——— [2022a]「イスラーム過激派の食卓――「イスラーム国　西アフリカ州」は次世代を育成する」yahoo! ニュース（個人）、1 月 19 日 https://news.yahoo.co.jp/byline/takaokayutaka/20220119-00278073
——— [2022b]「イスラーム過激派の食卓――寒波に負けないアンサール・イスラーム団」yahoo! ニュース（個人）、1 月 30 日 https://news.yahoo.co.jp/byline/takaokayutaka/20220130-00279777
——— [2022c]「「イスラーム国」の「カリフ」殺害で考えるべきこと」yahoo! ニュース（個人）、2 月 6 日 https://news.yahoo.co.jp/byline/takaokayutaka/20220206-00280944
——— [2022d]「「イスラーム国」の「カリフ」殺害――「シャーム解放機構」の釈明声明」yahoo! ニュース（個人）、2 月 7 日 https://news.yahoo.co.jp/byline/takaokayutaka/20220207-00281049
——— [2022e]「イスラーム過激派の食卓（今年も期待を裏切った「イスラーム国　中

央アフリカ州」)」yahoo! ニュース（個人）、4月20日 https://news.yahoo.co.jp/byline/takaokayutaka/20220420-00292398
―――［2022f］「イスラーム過激派の食卓――「イスラーム国」は一つの国、統一された食生活を生きる？」yahoo! ニュース（個人）、4月25日 https://news.yahoo.co.jp/byline/takaokayutaka/20220425-00293097
―――［2022g］「イスラーム過激派の食卓――アフガニスタンでのトルキスタン・イスラーム党の暮らし」yahoo! ニュース（個人）、5月8日 https://news.yahoo.co.jp/byline/takaokayutaka/20220508-00295101
高橋博史［2009］「タリバーン考――男女七歳にして席を同じゅうせず」、『中東研究』No. 506、19–29頁。

武内進一［2009］「政権に使われる民兵――現代アフリカの紛争と国家の特質」、『年報政治学』60（2）、108–128頁。

中東調査会［2004］『中東研究』No. 483。

―――［2005］『中東研究』No. 487。

―――［2006］『中東研究』No. 491。

―――［2007］『中東研究』No. 495。

―――［2008］『中東研究』No. 499。

―――［2009］『中東研究』No. 503。

―――［2010］『中東研究』No. 507。

―――［2011］『別冊・中東研究データ編（2010）』。

―――［2012］『別冊・中東研究データ編（2011）』。

中東調査会イスラーム過激派モニター班［2015］『「イスラーム国」の生態がわかる45のキーワード』明石書店。

帝国書院編集部編［2019］『最新基本地図2020――世界・日本』44訂版、帝国書院。

富樫耕介［2021］『コーカサスの紛争――ゆれ動く国家と民族』東洋書店新社。

ブザール、ドゥニア［2017］『家族をテロリストにしないために――イスラム系セクト感化防止センターの証言』児玉しおり訳、白水社。

保坂修司［2005］「乗り遅れた聖戦士――ザルカーウィー神話の解読」、『世界』2005年2月号、岩波書店、101–112頁。

―――［2011］『新版　オサマ・ビンラディンの生涯と聖戦』朝日新聞出版。

―――［2017］『ジハード主義――アルカイダからイスラーム国へ』岩波書店。

見市建［2014］『新興大国インドネシアの宗教市場と政治』NTT出版。

溝渕正季［2019］「国際政治のなかのイスラーム主義運動――アメリカのオリエンタリズムと「非リベラルな覇権秩序」の行方」、髙岡豊・溝渕正季編著『「アラブの春」以後のイスラーム主義運動』ミネルヴァ書房、73–102頁。

ムバイヤド、サーミー［2016］『イスラーム国の黒旗のもとに』高尾賢一郎・福永浩一訳、青土社。

山尾大［2013］『紛争と国家建設――戦後イラクの再建をめぐるポリティクス』明石書店。

――［2019］「立ち上がったイスラーム主義――戦後イラクにみる多様な展開」、髙岡豊・溝渕正季編著『「アラブの春」以後のイスラーム主義運動』ミネルヴァ書房、261–286 頁。

――［2021］『紛争のインパクトをはかる――世論調査と計量テキスト分析からみるイラクの国家と国民の再編』晃洋書房。

山根聡［2009］「パキスタンとアフガニスタンの火種――連邦部族直轄地域について」、『中東研究』No. 506、11–18 頁。

横田貴之［2019］「エジプトのイスラーム主義は失敗したのか――ムスリム同胞団の栄枯盛衰」、髙岡豊・溝渕正季編著『「アラブの春」以後のイスラーム主義運動』ミネルヴァ書房、181–204 頁。

ロス、マイケル・L［2017］『石油の呪い――国家の発展経路はいかに決定されるか』松尾昌樹・浜中新吾訳、吉田書店。

Arjona, A.［2015］“Civilian Resistance to Rebel Governance” A. Arjona,.Nelson Kasfir. and Zachariah Mampilly, eds. *Rebel Governance in Civil War*, Cambridge University press, pp. 180–202.

Arjona, Ana, Nelson Kasfir and Zachariah Mampilly［2015］“Introduction,” *Rebel Governance in Civil War,* A. Arjona, Nelson Kasfir and Zachariah Mampilly, eds., Cambridge University press, pp. 1–20.

Al Aqeedi, Rasha［2016］*Hisba in Mosul: Systematic Oppression in the Name of Virtue*, occasional paper (Program on Extremism at George Washington University).

Berger, Alan［2013］“The ‘let-it-burn’ strategy in Syria,” *The Boston Globe*, June 22.

Carter, Joseph A., Shiraz Maher and Peter R. Neumann［2014］*Measuring Importance and Influence in Syrian Foreign Fighter Networks,* The International Center for the Study of Radicalisation and Political Violence.

Cigar, Norman［2011］*Al-Qaida, the Tribes and the Government Lessons and Prospects for Iraq's Unstable Triangle*, Marine Corps University Press.

Collier, Paul and Anke Hoeffler［2004］“Greed and Grievance in Civil War,” *Oxford Economic Papers*, vol. 56, issue 4, pp. 563–595.

Conflict Armament Research (CAR)［2017］*Weapons of the Islamic State*, https://www.conflictarm.com/reports/weapons-of-the-islamic-state/

Dodwell, Brian, Daniel Milton and Don Rassler［2016］*The Caliphate's Global Workforce: An Inside Look at the Islamic State's Foreign Fighter Paper Trail*, Combating Terrorism Center.

Elmi, Afyare A. and Ruqaya A. Mohamed［2019］“Violent Non-State Actors in Somalia: AL-Shabab and the Pirates,” *Violent Radical Movements in the Arab World*, I.B. Tauris, pp.

161–175.

Felter, Joseph and Brian Fishman [2007] *Al-Qa'ida's Foreign Fighters in Iraq: A First Look at the Sinjar Records*, Combating Terrorism Center.

Hegghammer, Thomas [2010] *Jihad in Saudi Arabia: Violence and Pan-Islamism since 1979,* Cambridge: Cambridge University Press.

Jackson, Ashley [2018] *Life under the Taliban Shadow Government*, Overseas Development Institute.

Kagan, Frederick W., Kimberly Kagan, Jennifer Cafarella, Harleen Gambhir and Katherine Zimmerman [2016] *U.S. Grand Strategy: Destroying ISIS and al Qaeda, Report One – Al Qaeda and ISIS: Existential Threats to The U.S. and Europe,* Institute for the Study of War.

Kasfir, Nelson [2015] "Rebel Governance – Constructing a Field of Inquiry: Definitions, Scope, Patterns, Order, Causes," *Rebel Governance in Civil War,* A. Arjona,.Nelson Kasfir. and Zachariah Mampilly, eds., Cambridge University press, pp. 21–46.

McCants, William [2011] "Al Qaeda's Challenge: The Jihadists' War with Islamist Democrats," *Foreign Affairs*, 90 (5). pp. 20–24.

Metz, Steven [2007] *Rethinking Insurgency,* Strategic Studies Institute U.S. Army War College.

Milton, Daniel [2021] *Structure of a State: Captured Documents and the Islamic State's Organizational Structure*, Combating Terrorism Center.

Obe, Rachel Briggs and Tanya Silverman [2014] *Western Foreign Fighters: Innovations in Responding to the Threat,* Institute for Strategic Dialogue.

Shultz, Richard H. and Andrea J. Dew [2006] *Insurgents, Terrorists, and Militias: The Warriors of Contemporary Combat,* Columbia University Press.

Soufan Group [2015] *Foreign Fighters: An Updated Assessment of the Flow of Foreign Fighters into Syria and Iraq*, Soufan Group.

Spencer, Amanda N. [2016] "The Hidden Face of Terrorism: An Analysis of the Women in Islamic State," *Journal of Strategic Security,* 9 (3), pp. 74–98.

Stewart, Frances. ed. [2008] *Horizontal Inequalities and Conflict: Understanding Group Violence in Multiethnic Societies*, Palgrave Macmillan.

Takaoka,Yutaka [2019] " The Decline of the Islamic State Through the Perspective of Food," *Middle East Analysis Report*, no. R19-01. https://www.meij.or.jp/content/files/about/R19-01.pdf

Wagemakers, Joas [2012] *A Quietist Jihadi The Ideology and Influence of Abu Muhammad al-Maqdisi,* Cambridge University Press.

World Bank Middle East and North Africa Region MENA Economic Monitor [2016] *Economic and Social Inclusion to Prevent Violent Extremism,* World Bank.

註

第一章　イスラーム過激派とは何者か？——何をどのように観察・分析するか

▼1　猪口［2004］774 頁。
▼2　Wagemakers [2012] pp. 7–8.
▼3　末近［2018］2 頁。
▼4　遠藤［2020］48 頁。
▼5　クルーガー［2008］23 頁。
▼6　小林［2020］7 頁。
▼7　ゲイロー［2008］41–42 頁。
▼8　タウンゼンド［2003］47 頁。
▼9　小林［2020］196 頁。
▼10　髙岡［2017b］204 頁。
▼11　1959 年生まれ。本名はイサーム・ムハンマド・ターヒル・ブルカーウィー。パレスチナのブルカ村出身のイスラーム主義者。同人の著述は 1990 年以降のイスラーム過激派に大きな影響を与えたとされている。
▼12　髙岡［2019a］300 頁。
▼13　クルーガー［2008］58–65 頁。
▼14　前掲書、114 頁。
▼15　髙岡［2015a］24 頁。
▼16　髙岡［2021b］。
▼17　保坂［2017］127–134 頁。
▼18　ブザール［2017］27 頁。
▼19　髙岡［2007］86 頁、髙岡［2015b］。
▼20　Carter et al. [2014] pp. 16–18.
▼21　髙岡［2015a］25 頁。
▼22　髙岡［2016c］。
▼23　Shultz et al. [2006] p. 10.
▼24　Metz [2007] p. 5.
▼25　Ibid. pp. 7–8.
▼26　Ibid. p. 25.
▼27　Stewart, ed. [2008].
▼28　Collier et al. [2004].

▼29　ロス［2017］180頁。

▼30　Arjona et al. [2015] p. 3.

▼31　Kasfir [2015] p. 26.

第二章　「テロとの戦い」の顚末

▼1　一般に中東・北アフリカと認識されるアラブ諸国、トルコ、イラン、イスラエルに、アフガニスタン、パキスタンを加えた地域。

▼2　本節で取り上げるアル＝カーイダ諸派の動向については、筆者らによるイスラーム過激派諸派の広報活動のモニター作業の成果と、中東調査会［2004、2005、2006、2007、2008、2009, 2010、2011］に基づく。

▼3　al-Ḥayāt 紙、2001年10月5日付15面。

▼4　ビン・ラーディンの経歴や活動歴については、保坂［2011］に詳しい。本書の記述も原則として同書に依拠する。

▼5　私市［2004］278–279頁。

▼6　髙岡［2014b］59頁。

▼7　髙岡［2019a］306頁。

▼8　ムバイヤド［2016］がその代表例。

▼9　Hegghammer [2010] pp. 199–226.

▼10　保坂［2005］。

▼11　中東調査会イスラーム過激派モニター班［2015］80–82頁。

▼12　髙岡［2019a］289頁。

▼13　前掲書、304頁。

▼14　高橋［2009］19頁。

▼15　山根［2009］12頁。

▼16　見市［2014］87–90頁。

▼17　川島［2012］88–90頁。

▼18　髙岡［2020a］。

▼19　髙岡［2020c］。

▼20　髙岡［2007］86–89頁。

▼21　髙岡［2006］55頁。

▼22　山尾［2013］191頁。

▼23　山尾［2021］47頁。

▼24　Cigar [2011] p. 156.

▼25　Elmi et al. [2019] pp. 164–167.

▼26　富樫［2021］218–221頁。

▼27　富樫［2021］223–224頁。

▼28　ケペル［2006］1–30頁。

▼29　末近［2019］11 頁。
▼30　鈴木［2013］107–109 頁。
▼31　青山［2012］89–92 頁。
▼32　白谷［2019］219–221 頁。
▼33　白谷［2019］221 頁。
▼34　横田［2019］190–197 頁。
▼35　髙岡［2017e］。
▼36　山尾［2019］272 頁。
▼37　遠藤［2014］ii 頁。
▼38　髙岡［2014b］54 頁。
▼39　溝渕［2019］92–95 頁。
▼40　青山［2013］35–38 頁。
▼41　髙岡［2013］84–85 頁。
▼42　髙岡［2014a］38–44 頁。
▼43　Conflict Armament Research [2017].
▼44　髙岡［2016d］。
▼45　髙岡［2017f］。
▼46　Kagan et al. [2016] pp. 17–18.
▼47　髙岡［2019a］291 頁。
▼48　髙岡［2017a］84 頁。
▼49　Al Aqeedi [2016] pp. 6–7.
▼50　髙岡［2006］59–60 頁。
▼51　髙岡［2015a］25–27 頁。
▼52　髙岡［2015c］。
▼53　髙岡［2018a］。
▼54　富樫［2021］243–258 頁。
▼55　クルーガー［2008］174–175 頁。
▼56　髙岡［2019a］300 頁。
▼57　髙岡［2020d］。
▼58　髙岡［2015c］。

第三章　質的な観察・分析が明らかにする「テロとの戦い」の実態

▼1　佐藤［2010］76 頁。
▼2　髙岡［2018b］。
▼3　髙岡［2017e］。
▼4　Jackson [2018] p. 9.
▼5　Ibid. p. 29.

▼6　髙岡［2019e］。

▼7　髙岡［2013］88 頁。

▼8　中東調査会『中東かわら版　2013 年　No.213』
https://www.meij.or.jp/members/kawaraban/20131111141049000000.pdf

▼9　髙岡［2021a］295 頁。

▼10　髙岡［2016b］。

▼11　保坂［2017］204–205 頁。

▼12　髙岡［2019d］。

▼13　中東調査会『中東かわら版　2014 年　No. 161』
https://www.meij.or.jp/members/kawaraban/20141020145555000000.pdf

▼14　中東調査会『中東かわら版　2016 年　No. 183』
https://www.meij.or.jp/kawara/2015_183.html

▼15　髙岡［2019c］。

▼16　髙岡［2012］193 頁。

▼17　Takaoka [2019] p. 2.

▼18　髙岡［2022a］。

▼19　髙岡［2022e］。

▼20　髙岡［2022f］。

▼21　髙岡［2020c］。

▼22　髙岡［2020a］。

▼23　髙岡［2020e］。

▼24　髙岡［2022g］。

第四章　量的な観察・分析が明らかにする「テロとの戦い」の実態

▼1　髙岡［2007］94 頁。

▼2　Felter et al. [2007] pp. 7–8.

▼3　Dodwell et al. [2016].

▼4　髙岡［2016a］。

▼5　Obe et al. [2014], World Bank [2016].

▼6　髙岡［2021b］198–199 頁。

▼7　Spencer [2016].

▼8　Milton [2021].

▼9　髙岡［2017d］。

▼10　髙岡［2017c］。

▼11　髙岡［2019b］。

▼12　ムバイヤド［2016］84–92 頁。

▼13　髙岡［2021f］。

第五章　イスラーム過激派はどこへ行く？

▼1　今井［2022］127–128 頁。

▼2　髙岡［2022b］。

▼3　髙岡［2018c］。

▼4　青山［2021］86–88 頁。

▼5　前掲書、214–217 頁。

▼6　髙岡［2022c］。

▼7　髙岡［2022d］。

▼8　髙岡［2021d］。

▼9　髙岡［2021a］297 頁。

▼10　Milton [2021] pp. 18–19.

▼11　髙岡［2021a］296 頁。

▼12　中東調査会イスラーム過激派モニター班［2015］68 頁。

▼13　Arjona et al. [2015] pp. 6–7.

▼14　Milton [2021] pp. 13–14.

▼15　Arjona [2015] p. 194.

▼16　髙岡［2021c］。

▼17　髙岡［2021e］。

▼18　髙岡［2020b］。

▼19　Kasfir [2015] p. 38.

▼20　青山［2021］204 頁。

▼21　髙岡［2016b］。

図版出典一覧

画像1　2005年12月31日にアンサール・スンナ軍名義で出回ったの動画より
画像2　2019年11月20日付アブドゥッラー・アッザーム部隊の解散声明
画像3　2014年12月11日に「イスラーム国　ファッルージャ州」名義で出回った画像
画像4　2014年7月26日に「イスラーム国　ハイル州」名義で出回った画像
画像5　2015年11月25日に「イスラーム国　アンバール州」名義で出回った画像
画像6　2016年12月3日に「イスラーム国　ダマスカス州」名義で出回った画像
画像7　2017年2月2日に「イスラーム国　ニナワ州」名義で出回った画像
画像8　2017年2月13日に「イスラーム国　ラッカ州」名義で出回った画像
画像9　2017年6月15日に「イスラーム国　ラッカ州」名義で出回った画像
画像10　2018年8月19日に「イスラーム国　イラク州デジュラ」名義で出回った画像
画像11　2018年6月11日に「イスラーム国　イラク州キルクーク」名義で出回った画像
画像12　2019年3月11日に「イスラーム国」名義で出回った動画より
画像13　2022年1月19日に「イスラーム国　西アフリカ州」名義で出回った動画より
画像14　2020年5月13日に「イスラーム国　シャーム州ホムス」名義で出回った画像
画像15　2021年5月5日に「イスラーム国　イラク州キルクーク」名義で出回った画像
画像16　2021年5月11日に「イスラーム国　イラク州デジュラ」名義で出回った画像
画像17　2021年5月12日に「イスラーム国　イラク州バグダード北」名義で出回った画像
画像18　2021年5月15日に「イスラーム国　イラク州」名義で出回った画像
画像19　2021年5月10日に「イスラーム国　中央アフリカ州」名義で出回った画像
画像20　2021年5月14日に「イスラーム国　中央アフリカ州」名義で出回った画像
画像21　2022年4月15日に「イスラーム国　イラク州キルクーク」名義で出回った画像
画像22　2022年4月16日に「イスラーム国　中央アフリカ州」名義で出回った画像
画像23　2022年4月20日に「イスラーム国　パキスタン」名義で出回った画像
画像24　2020年8月16日にアンサール・イスラーム団名義で出回った画像
画像25　2022年1月24日にアンサール広報機構名義で出回った画像
画像26　2020年12月7日にトルキスタン・イスラーム党名義で出回った動画より
画像27　2022年4月27日にトルキスタン・イスラーム党名義で出回った動画より

画像28　2022年4月29日にトルキスタン・イスラーム党名義で出回った動画より
画像29　2022年5月1日にトルキスタン・イスラーム党名義で出回った動画より
画像30　2015年9月3日に「イスラーム国　司法庁」名義で発行された庇護民契約書
画像31　2015年9月3日に「イスラーム国　司法庁」名義で発行された庇護民契約書

髙岡豊（たかおか・ゆたか）
一九七五年生まれ。早稲田大学教育学部社会科地理歴史専修卒。上智大学大学院外国語学研究科地域研究専攻修了（修士）。上智大学で博士号取得（二〇一一年）。公益財団法人中東調査会主席研究員（二〇一八〜二〇年）。東京外国語大学総合国際学研究院特別研究員。著書に『現代シリアの部族と政治・社会――ユーフラテス河沿岸地域・ジャジーラ地域の部族の政治・社会的役割分析』（三元社、二〇一一年）、共著に『「イスラーム国」の生態がわかる45のキーワード』（明石書店、二〇一五年）など。

「テロとの戦い」との闘い――あるいはイスラーム過激派の変貌

二〇二三年三月二二日　初版第一刷発行

著　者　髙岡　豊

発行者　林佳世子

発行所　東京外国語大学出版会

郵便番号　一八三 - 八五三四

住所　東京都府中市朝日町三 - 一一 - 一

TEL番号　〇四二 - 三三〇 - 五五五九

FAX番号　〇四二 - 三三〇 - 五一九九

Eメール　tufspub@tufs.ac.jp

装幀　臼井新太郎

本文組版　大友哲郎

印刷・製本　シナノ印刷株式会社

Printed in Japan　ISBN978-4-910635-03-3